Oetinger

JAMES FREY

Das geheime Wissen von ENDGAME

Schauplätze • Mythen • Fakten

Deutsch von Felix Darwin

Verlag Friedrich Oetinger · Hamburg

MIX
Papier aus verantwortungsvollen Quellen
FSC® C014496

Einbandgestaltung: Katrin Steigenberger
Druck und Bindung: GGP Media GmbH, Pößneck
Printed 2014
ISBN 978-3-7981-3522-4

www.oetinger.de
www.endgame.de

Actinium chemisches Element mit dem Elementsymbol Ac und der Ordnungszahl 89, das 1899 entdeckt wurde. Actinium ist ein silberweiß glänzendes, hoch radioaktives Metall, das fast so giftig ist wie Americium und Plutonium. Eine Tonne Uran enthält etwa 0,2 Milligramm Actinium, das aufgrund seiner Seltenheit nicht in größerem Umfang industriell genutzt wird, außer bei der Strahlentherapie gegen Krebs und als Neutronenquelle.

Addis Abeba Hauptstadt und mit über 3,5 Millionen Einwohnern größte Stadt Äthiopiens. 1886 von Kaiserin Taytu Betul und Kaiser Menelik II. gegründet, die den kaiserlichen Palast erbauen ließen (bis heute Sitz der Regierung). Von italienischen Truppen 1936 – das Land befand sich damals unter der Herrschaft Eritreas – erobert und bis 1941 Hauptstadt der italienischen Kolonie Abessinien. Sitz des Hauptquartiers der Afrikanischen Union und der UN-Wirtschaftskommission für Afrika.

Adlai, Maccabee der Spieler des nabatäischen Geschlechts aus Warschau, Polen. Er ist charmant, aber skrupellos, und tötet ohne Bedenken. Er ist hundertprozentig von Endgame überzeugt und will um jeden Preis gewinnen. Mit Baitsakhan hat er sich aus reinem Zweckdenken zusammengetan, glaubt aber, sich seiner problemlos entledigen zu können, wenn die Partnerschaft ihm keinen Nutzen mehr bringt.

Aksum, Königreich von umfasste Teile des heutigen Eritrea und Nord-Äthiopiens und war eine Handelsnation, die vom 1. bis ins 7. Jahrhundert n. Chr. existierte. Ihre Herrscher förderten den Handel, indem sie eigene Münzen prägen ließen. Mit der Zeit erweiterten sie ihr Reich auf der Arabischen Halbinsel mit politischen Mitteln wie auch durch die Eroberung des Königreichs Himyar. Die uralte aksumitische Hauptstadt Aksum gilt als Heimat der Königin von Saba und letzte Ruhestätte der Bundeslade.

Aksumiten das 144. Geschlecht, dem Hilal angehört. Im 4. Jahrhundert wurden die Aksumiten zu Christen, vorher hingen sie einem polytheistischen Glauben an, der die Errichtung gewaltiger Stelen einschloss – Steintürme, die mit falschen Türen und Fenstern verziert waren; die höchste der erhaltenen Stelen maß 108 Fuß. Die beginnende Ausbreitung des Islam führte dazu, dass das Königreich wirtschaftlich isoliert und schließlich von der jüdischen Königin Gudit um das Jahr 906 n. Chr. vernichtet wurde. Das aksumitische Volk sah sich zuvor schon gezwungen, in den Süden auszuwandern.

Alopay, Olowa Sarahs Mutter.

Alopay, Sarah die Spielerin des cahokianischen Geschlechts aus Omaha in Nebraska. Sie sträubt sich gegen die Tatsache, dass es Endgame überhaupt gibt, ist aber fest entschlossen zu gewinnen, um die Menschen zu retten, die sie liebt. Zu Beginn von Endgame tut sie sich mit Jago Tlaloc zusammen. Ihre Gefühle für ihn stehen im Widerstreit zu denen für Christopher Vanderkamp, ihrem Highschool-Freund.

Alopay, Simon Sarahs Vater.

Alopay, Tate Sarahs Bruder, der ehemalige cahokianische Spieler. Er wird von einem Autoteil getötet, das vom Himmel fällt, als ein Meteorit, der die Eröffnung ankündigt, auf Omaha herabstürzt.

Altan einer der Männer, die vor Baitsakhan am Meteoritenkrater in der Mongolei eintreffen.

Altarstein ein in der Mitte der Megalithenstätte Stonehenge befindlicher Sarsenstein, der in die Entstehungsphase 3 I gehört, die auf etwa 2600 v. Chr. datiert wird. Er ist aus Sandstein, und obwohl er auf dem Boden liegt, gibt es die Theorie, dass er früher einmal aufrecht stand. Hier befindet sich der Erdschlüssel.

Aluminium chemisches Element mit dem Elementsymbol Al und der Ordnungszahl 13, dessen äußeres Erscheinungsbild silberfarben und spiegelnd ist. In der Erdkruste ist es von allen Metallen am häufigsten vorhanden, und insgesamt ist es das dritthäufigste Element. Es ist hochreaktiv und findet sich deshalb in vielen Verbindungen, vorherrschend in Bauxit.

Amaru Muru an eine Tür erinnernde Öffnung, die in den peruanischen Anden in einen Fels gemeißelt ist, und zwar in der Nähe des Titicacasees und von Juliaca, Jagos Heimatstadt. Zahlreiche Legenden ranken sich um dieses Relief, das von den Einheimischen »Götterpforte« genannt wird. Es wird von Kindern erzählt, die darin verschwinden, und von sonderbaren Gestalten, die mit Lichtkugeln daraus hervortreten. Eine bedeutende Legende spricht von einem Priester namens Amaru Maru, der mit einer heiligen goldenen Scheibe vor den spanischen Eroberern floh und dem die Flucht durch dieses Tor gelang. Auffällig ist, dass sich in dem Tor eine kleine, runde Vertiefung befindet, in die eine Scheibe passen würde.

Amesbury Stadt in der Grafschaft Wiltshire im Südwesten Englands. Die Gegend ist seit dem Neolithikum bewohnt, wie viele Bauwerke und Siedlungen aus dieser Zeit beweisen, darunter auch Stonehenge. Legenden berichten darüber hinaus, dass Königin Guinevere aus der Artus-Sage dort begraben ist, wo sich früher das Kloster Amesbury befand.

Angkor Wat das größte religiöse Monument der Welt, in Kambodscha gelegen und vermutlich Anfang des 12. Jahrhunderts von König Suryavarman II., dem Herrscher über das Khmer-Reich, errichtet. Ursprünglich ein Hindu-Tempel, wurde es jedoch nach 100 Jahren von Buddhisten übernommen. Zahlreiche der gemeißelten Reliefs an dem Tempel stellen Legenden der Hindu dar, in denen uralte Götter am Himmel miteinander kämpfen. Auf unerklärliche Weise ist die Anlage auf das Sternbild Drakon ausgerichtet, und zwar während der Frühlingstagundnachtgleiche des Jahres 10.500 v. Chr., also über 12.000 Jahre, bevor sie angeblich gebaut wurde.

Anhui Provinz im Osten Chinas mit etwa 60.000.000 Einwohnern, was sie zur achtgrößten Provinz des Landes macht. Die längste Zeit in der chinesischen Geschichte über wurde sie nicht als eigenständige Region betrachtet: Die moderne Provinz gibt es erst seit dem 17. Jahrhundert.

An Nabi Yunus Stadtteil von Mosul im Irak, östlich des Flusses Tigris, wo Jagos Freund, der ehemalige Spieler Renzo, wohnt.

Annunaki eine Gruppe sumerischer Götter, die auch in uralten mesopotamischen Legenden vorkommen (zum Beispiel in denen der akkadischen, der assyrischen und der babylonischen Kulturen). Es heißt, sie wären die Kinder des Himmelsgottes An und der Erdgöttin Ki, die im Laufe der Zeit als Herren der Unterwelt anerkannt wurden. Viele glauben, dass es sich bei den Annunaki in Wirklichkeit um außerirdische Wesen handelt, die der Menschheit die Zivilisation gebracht haben.

Angkor Wat

Anta Grande do Zambujeiro ein riesiger Dolmen mitten in der portugiesischen Region Alentejo. Allgemein wird davon ausgegangen, dass er in den Jahren 4000 bis 3000 v. Chr. errichtet wurde.

Anthropozän Bezeichnung für eine geochronologische

Epoche der Erdgeschichte, die durch die Existenz und den Einfluss des Menschen charakterisiert ist. Im Laufe dieses Zeitalters haben sich die menschlichen Zivilisationen entwickelt.

Antikythera, Mechanismus von ein analog arbeitender Computer, der im 1. Jahrhundert v. Chr. von griechischen Ingenieuren (die möglicherweise aus Korinth stammten) gebaut wurde, um Sonnen- und Mondfinsternisse sowie den Standort von Planeten vorherzusagen. Man geht davon aus, dass das astronomische Wissen und die mechanische Technologie, die vonnöten sind, um ein solches Gerät zu konstruieren, erst 1500 Jahre nach seinem Bau verfügbar waren. Entsprechend muss seine Existenz mit der Anwesenheit einer uralten außerirdischen Rasse erklärt werden, die damals mit den Menschen in Kontakt stand.

Arabische Ziffern auch als indisch-arabische oder indische Ziffern bekannt, sind die Zahlzeichen 0, 1, 2, 3, 4, 5, 6, 7, 8, 9 die am weitesten verbreiteten symbolischen Repräsentationen von Zahlen in der modernen Welt. Es wird davon ausgegangen, dass diese Bezeichnungen erst im 8. und 9. Jahrhundert aufkamen, doch diese Ansicht wird von Inschriften widerlegt, welche die Spieler an den Wänden der goldenen Kammer unter Göbekli Tepe entdeckt haben.

Arak traditionelles alkoholisches Getränk in den levantinischen Ländern Irak, der Türkei, Iran, Israel, Palästina, Jordanien, Syrien und dem Libanon. Dieser Branntwein wird in der Regel aus Trauben destilliert, und in das Destillat werden dann Anisfrüchte eingelegt, was ihm seinen typischen Geschmack verleiht. Im Irak wird Arak traditionell aus fermentiertem Dattelsaft hergestellt.

Archaikum geologisches Zeitalter, das mehr als zweieinhalb Millionen Jahre zurückliegt. Es wird davon ausgegangen, dass die Atmosphäre damals keinerlei Sauerstoff enthielt und tektonische Aktivitäten weit schneller abliefen als heute.

Archimedes, Palimpsest des christliches Gebetsbuch aus dem 13. Jahrhundert, unter dem mehrere überschriebene Texte des griechischen Mathematikers Archimedes zum Vorschein kamen, die im 10. Jahrhundert v. Chr. entstanden sind. Zwei dieser Texte, die Methodenlehre und das Stomachion, existieren nirgendwo anders auf der Welt.

Armenier ethnische Gruppierung, die den Großteil der Bevölkerung Armeniens ausmacht und ursprünglich aus dem Armenischen Hochland stammt. Viele Armenier leben in der Diaspora, was vor allem dem Völkermord geschuldet ist, der in erster Linie 1915 und 1916 an ihnen begangen wurde. Seit dem Bronzezeitalter wurde das Armenische Hochland von unterschiedlichen Völkern erfolgreich besiedelt, darunter das Hethitische Großreich und das Urartäische Reich. Vor dem Jahr 300, als das Christentum sich in dieser Gegend durchsetzte, hingen die Armenier einem polytheistischen Glaubenssystem an, das die Anbetung der Sonne, des Mondes und der Sterne einschloss.

Avon Fluss in Südengland, einer von mehreren Flüssen dieses Namens in Großbritannien. Er fließt durch die Grafschaften Wiltshire und Hampshire, bevor er an der Küste von Dorset in den Ärmelkanal mündet.

Ayodhya indische Stadt am Fluss Sarayu, in der Rama geboren worden sein soll, eine der Inkarnationen des Gottes Vishnu. Legenden zufolge ist sie über 9.000 Jahre alt und wurde von den ersten Rishis gegründet, hinduistischen Gesetzgebern. Es ist möglich, dass die Rishis in Wirklichkeit eine außerirdische Rasse waren, welche die Erde besuchte.

Babylonischer Sternenkatalog verschiedene Tontafeln, die südlich der Stadt Mosul im Irak gefunden wurden und Listen von Konstellationen, Sternen und Planeten enthalten. Es gibt den weit verbreiteten Glauben, dass das Wissen auf diesen Tafeln einen Beweis für den Kontakt zwischen der babylonischen Zivilisation und überlegenen außerirdischen Wesen darstellt.

Baian-Kara-Ula, Scheiben von auch als »Dropa-Steine« bekannt, handelt es sich hierbei um mindestens 716 runde Steinscheiben mit einem Durchmesser von ungefähr neun Inch und einer Dicke von einem Dreiviertelinch. Sie alle haben ein Loch in der Mitte, und in einer spiralförmigen Rille winden sich Hieroglyphen von innen nach außen. Werden sie entziffert, erzählen sie die Geschichte der Bruchlandung eines Raumschiffes in dem abgelegenen Gebirgszug von Baian-Kara-Ula und davon, dass die Bewohner des Raumschiffes nicht in der Lage waren, es zu reparieren und nach Hause zurückzukehren.

Baitsakhan der Spieler des Donghu-Geschlechts aus der Wüste Gobi in der Mongolei. Er ist der jüngste Spieler und wurde darauf trainiert, Gefallen am Töten zu finden. Er wendet Foltermethoden an, um anderen Spielern Hinweise abzupressen, und tut alles, um Endgame zu gewinnen. Aus reiner Zweckmäßigkeit hat er sich mit

Maccabee Adlai aus dem Geschlecht der Nabatäer zusammengetan, aber er würde ihn ohne jeden Skrupel umbringen, sobald diese Partnerschaft ihm nicht mehr nützlich ist.

Banpo Siedlungsgebiet aus dem 7. Jahrtausend v. Chr. Im Jahr 1974 besuchte der österreichische Ingenieur Ernst Wegener das Banpo-Museum und behauptet, dort zwei Scheiben von Baian-Kara-Ula ausgestellt gesehen zu haben. Einige Tage später verschwanden diese Scheiben spurlos. Sie sollen, so heißt es, von einer uralten außerirdischen Rasse auf der Erde zurückgelassen worden sein.

Bat Baitsakhans 12,5 Jahre alter Cousin, der zusammen mit ihm die anderen Spieler verfolgt. Nachdem er mitgeholfen hat, Shari Chopra zu foltern, wird er von Alice Ulapala getötet.

Beale-Chiffren drei Blätter mit verschlüsseltem Text, die, sofern sie entziffert werden, zu einem vergrabenen Schatz im US-Bundesstaat Virginia führen sollen. Möglicherweise führen die Chiffren in Wirklichkeit zu einem geheimen Goldlager, das der uralten außerirdischen Rasse der Annunaki gehörte. Bisher ist es Schatzjägern noch nicht gelungen, das Gold und die Juwelen zu entdecken.

Beretta ältester noch aktiver Schusswaffenhersteller der Welt, eine Firma, die seit 1526 im Besitz ein und derselben Familie ist. Derzeit produziert die Firma halbautomatische und Maschinenpistolen sowie Gewehre für die Jagd und den militärischen Einsatz.

Bīnguǎn im Mandarin eine Bezeichnung für Hotel oder Gästehaus.

Black-Knight-Satellit ein sagenhafter Satellit, der um die Erde kreist und über 13.000 Jahre alt sein soll. Entdeckt wurde er 1899 von Nikola Tesla, als er ein elektronisches Signal aus dem Weltraum empfing, und dann wieder 1960 von der North American System Listening Station. Inzwischen wurde der Satellit auch fotografisch erfasst, und viele halten ihn für eine außerirdische Sonde, die die Erde und die Menschheit überwachen soll.

Bold Baitsakhans 12,5 Jahre alter Cousin, der zusammen mit ihm die anderen Spieler verfolgt. Nachdem er mitgeholfen hat, Shari Chopra zu foltern, wird er von Alice Ulapala getötet.

Bosporus Meerenge, die das Schwarze Meer mit dem Marmarameer verbindet. Der Bosporus fließt durch Istanbul, die Hauptstadt der Türkei, und markiert die Grenze zwischen Europa und Asien. Im Laufe der gesamten Menschheitsgeschichte war er von strategischer und wirtschaftlicher Bedeutung.

Brasilinsel Insel aus der irischen Mythologie, die im Atlantischen Ozean verortet wird und nur an einem Tag alle sieben Jahre gesehen, aber niemals betreten werden kann. Es heißt, sie sei die Heimat der keltischen Götter, und die Koordinaten der Insel seien telepathisch an einen der beiden amerikanischen Piloten übermittelt worden, die in den Rendlesham-Forest-Zwischenfall in England involviert waren. Manche glauben, diese Rätsel könnten damit erklärt werden, dass die keltischen »Götter« in Wirklichkeit außerirdische Wesen sind.

Browning-Pistole Pistole, die von der Browning Arms Company hergestellt wird, einer Firma in Utah in den USA, die Feuerwaffen, Angler- und andere Outdoor-Ausrüstung produziert und vertreibt.

Bruderschaft der Schlange vor 6.000 Jahren von dem unter dem Namen Enki bekannten Annunaki gegründete Geheimgesellschaft. Die Bruderschaft der Schlange hatte das Ziel, die Menschheit durch spirituelle Erleuchtung aus der Abhängigkeit von den Annunaki zu befreien. Enkis Pläne wurden von den Annunaki aufgedeckt, und sie wandten sich gegen ihn, verleumdeten ihn und lehrten die menschlichen Zivilisationen, dass er eine Personifikation des Bösen sei. Die Schlange wurde in Kulturen der ganzen Welt zum Symbol für verlorene Unschuld und für die Verführung durch das Böse, und die Bruderschaft wurde von den übrigen Annunaki korrumpiert, die ihre eigenen Gründe dafür hatten, die Menschheit zu unterjochen. Es heißt, die Bruderschaft sei der Ursprung aller anderen Geheimgesellschaften der Menschheitsgeschichte, darunter die Freimaurer, die Rosenkreuzer, die Tempelritter und die Illuminaten.

Brügger & Thomet APR308 ein Scharfschützengewehr, das 2003 von der Schweizer Firma Brügger & Thomet entwickelt wurde. Diese *Advanced Precision Rifle* kommt innerhalb der Streitkräfte von Tunesien, der Ukraine, Singapur und Luxemburg zum Einsatz.

Bumerang eine Wurfwaffe, die traditionell aus Holz gefertigt wird. Am weitesten verbreitet ist der Rückkehrbumerang, wie ihn auch Alice Ulapala verwendet. Nachdem er einer elliptischen Flugbahn gefolgt ist, kehrt er, sofern er richtig geworfen wurde, zum Werfer zurück. Für einen Bumerang gibt es zahlreiche Einsatzmöglichkeiten, darunter als Waffe und als Spielzeug. Die ältesten bekannten Bumerangs stammen aus Australien und sind um die 10.000 Jahre alt, aber in Europa sind noch ältere Wurfhölzer gefunden worden, die eigentlich als Bumerangs eingestuft werden können.

Bundeslade heilige Truhe, die unter anderem die zehn Steintafeln mit den zehn Geboten der Christenheit enthielt. Es wurde überliefert, sie sei nach genauen Anweisungen gebaut worden, die Gott seinem hebräischen Propheten Moses gegeben habe. Andere glauben allerdings, diese Anweisungen stammten von einem uralten außerirdischen Wesen, das von den Menschen jener Zeit als Gottheit verehrt wurde. Der Legende zufolge wurde die Lade von den Israeliten während ihrer Suche nach dem »verheißenen Land« vorausgetragen, um den Weg mit Flammenstößen freizumachen. Wo sich die Lade heute befindet, ist nur den äthiopischen Aksumiten bekannt, die in der Kirche des Bundes über sie wachen.

Byzantiner ein Begriff, mit dem die Einwohner des Byzantinischen Reiches bezeichnet werden. Vor der Ausbreitung des Christentums verehrten die meisten Byzantiner die alten römischen Götter. Ihre Gesellschaft war zum allergrößten Teil agrarisch ausgerichtet.

Cäsium chemisches Element mit dem Elementsymbol Cs und der Ordnungszahl 55, das 1860 entdeckt wurde. Dabei handelt es sich um ein goldfarbenes, im hochreinen Zustand silbrig glänzendes Metall mit einem extrem hohen Schmelzpunkt (28,7 °C), das also bei Zimmertemperatur flüssig ist. Es hat ein stark giftiges, radioaktives Isotop, während es in seiner nicht radioaktiven Form für eine Vielzahl von Anwendungen genutzt wird, darunter bei der Stromgewinnung und als Basis für Bohrflüssigkeiten bei der Suche nach Öl.

Cahokianer das 233. Geschlecht, dem Sarah angehört. Ursprünglich die Bewohner Cahokias, einer präkolumbianischen Stadt am Mississippi unweit vom heutigen St. Louis. Der Stamm der Cahokianer kam im 13. Jahrhundert zu Macht und Ansehen, und auf ihrem Höhepunkt hatte die Stadt Cahokia 40.000 Einwohner. Es heißt, die Cahokianer hätten rituelle Menschenopfer praktiziert, obwohl ihr Gemeinwesen bis zu einem gewissen Grad auf Gleichheit beruhte. Die Stadt wurde über ein Jahrhundert vor dem Eintreffen der Europäer auf dem Kontinent aufgegeben. Eine Erklärung dafür ist die Rückkehr der außerirdischen Wesen, die, der Legende zufolge, die Cahokianer zu dem gemacht haben, was sie waren. Die Cahokianer weigerten sich, ihre Kinder aufzuopfern, obwohl sie dies versprochen hatten, und kämpften gegen die Außerirdischen mit ebender

Macht, die diese sie gelehrt hatten. Dabei wurden die Außerirdischen wie auch die Cahokianer ausgelöscht.

Calvary-Friedhof Friedhof in Queens, New York, der von den Treuhändern der St. Patrick's Cathedral in Manhattan begründet wurde. Geweiht wurde er 1848 von Erzbischof John Hughes. Aisling Kopps Vater, ein Spieler des La-Tène-Geschlechts, wurde dort begraben, nachdem er von Aislings Großvater erschossen worden war.

Capo di Ponte Gemeinde in Norditalien, in der Musterion Tsoukalos lebt. Sie liegt am Ostufer des Flusses Oglio im Valcamonica, einem großen Tal in den östlichen Alpen. Das Valcamonica und besonders Capo di Ponte sind für eine Vielzahl von Felsgravuren bekannt. Bisher wurden zwischen 200.000 und 300.000 Figuren und Symbole entdeckt; die frühesten davon stammen aus dem 8. bis 6. Jahrtausend v. Chr.

Caral uralte Stadt in Peru, 75 Meilen nördlich von Lima im Tal des Rio Supe gelegen. Die bedeutendsten Bauwerke dort sind sechs Pyramiden, die von der Norte-Chico-Kultur etwa um 2600 v. Chr. errichtet wurden, rund 100 Jahre vor den Pyramiden von Gizeh in Ägypten.

Carnac, Steine von Ansammlung stehender Steine in

der Nähe der Gemeinde Carnac in der Bretagne. Die ältesten davon wurden etwa 4500 v. Chr. errichtet, und die Anlagen lassen sich in drei größere Gruppen einteilen: die Steinreihen von Le Ménec, von Kermario und von Kerlescan. Viele dieser Formationen sind auf astronomisch bedeutsame Weise ausgerichtet, und die Anordnung der Steine insgesamt ähnelt einem pythagoräischen Dreieck, und das trotz der Tatsache, dass sie über zwei Jahrtausende vor der Entdeckung dieses Prinzips durch die Griechen aufgestellt wurden. Manches spricht dafür, dass diese Steine von den Menschen jener Zeit nicht ohne Hilfe errichtet worden sein können, da sie nicht über das notwendige mathematische und bautechnische Wissen verfügten, und dass die Menschen von außerirdischen Wesen angeleitet worden sein müssen.

Cheng Cheng Dhou Jagos und Sarahs Führer im Museum der Terrakotta-Armee. Er ist ein Cousin von Wei, dem Besitzer von Sarahs und Jagos Gästehaus außerhalb von Xi'an, und er zeigt Sarah und Jago einen Terrakotta-Krieger, der mit jenem in Jagos Endgame-Hinweis identisch ist.

Chengdu die Hauptstadt der chinesischen Provinz Sichuan mit um die 14 Millionen Einwohnern. Sie liegt in der Ebene des Roten Beckens im Südwesten Chinas und ist seit über vier Jahrtausenden bewohnt. Vermutlich befand sich dort bereits in der Bronzezeit eine größere Stadt.

Chopra, Alice Shari Chopras Tochter, die sich als Himmelsschlüssel entpuppt, nachdem Sarah Alopay in Stonehenge das Ereignis auslöst.

Steine von Carnac

Chopra, Jamal Shari Chopras Ehemann.

Chopra, Shari die Spielerin des Harrapa-Geschlechts. Sie stammt aus Gangtok in Indien, ist verheiratet, hat eine Tochter namens Alice und lehnt Gewalt ab. Sie wird von Baitsakhan gefangen genommen und erträgt seine Folter dank ihrer ungeheuren geistigen Widerstandskraft, die ihr antrainiert wurde und die es ihr gestattet,

sich zum Schutz in ihren eigenen Verstand zurückzuziehen. Sie entdeckt, dass ihre Tochter Alice der Himmelsschlüssel ist und sie die Torwächterin.

Colt-Ordonnanzpistole eine Handfeuerwaffe, die an Soldaten ausgegeben wird und hauptsächlich der Selbstverteidigung dient. Produziert wird sie von Colt Defense LLC. Der Name dieses Schusswaffenherstellers geht auf den Erfinder Samuel Colt zurück, der seine erste Firma 1836 gründete.

Compoundbogen moderner Bogen mit Rollen an den Enden, der 1966 von Holles Wilbur Allenim entwickelt wurde. Das spezielle Konstruktionsprinzip ermöglicht es dem Schützen, die Sehne für längere Zeit gespannt zu halten. Dies wird erreicht, indem er nur noch einen Bruchteil des Zuggewichts auf der Hand hält. So muss er sich weniger anstrengen und kann genauer zielen.

Darwin Hauptstadt des Northern Territory in Australien. Dort leben etwa 130.000 Einwohner. Sie befindet sich an der Nordküste Australiens, am Ufer der Timorsee, und ist die Heimat der indigenen Larrakia, einer kulturellen Gruppe mit enger Bindung ans Meer. Historische Handelsstraßen führten von dort nach Südasien. Im Zweiten Weltkrieg wurde die Stadt durch japanische Luftangriffe zerstört und ein zweites Mal von dem Zyklon Tracy im Jahr 1974.

Dave amerikanischer Tourist in der Grub Street Bar, der Alice Ulapala hilft, ihren Hinweis zu entziffern, und dafür einen Haufen Geld bekommt.

Derinkuyu unterirdische Stadt in der Provinz Nevşehir in der Türkei, die groß genug ist, um 20.000 Menschen samt Nutztieren und Lebensmitteln zu beherbergen. Sie wurde im 8. oder 7. Jahrhundert v. Chr. gebaut und besteht aus fünf Stockwerken. Die Eingänge konnten von innen mit 500 kg schweren Rollsteinen verschlossen werden. Sie enthielten Annehmlichkeiten wie Wein und Ölpressen, religiöse Treffpunkte und Ställe, was nahelegt, dass eine große Bevölkerungszahl dort lange überleben konnte. Zoroastrischen religiösen Texten zufolge wurde dem Propheten Yima von dem Gott Ahura Mazda befohlen, Derinkuyu anzulegen, um sein Volk zu beschützen. Manche glauben, dass die Menschen mög-

Derinkuyu

licherweise vor einem Luftkampf außerirdischer Wesen dorthin fliehen wollten. In dieser Region gibt es noch weitere unterirdische Städte, darunter Kaymakli, das mit Derinkuyu über einen neun Kilometer langen Tunnel verbunden ist.

Dia keltisches Wort für Gott.

Dingo Unterart des Grauwolfs, die hauptsächlich in Australien und Südasien beheimatet ist, darüber hinaus das größte an Land lebende Raubtier Australiens. Sie spielen eine herausragende Rolle in den Erzählungen der australischen Ureinwohner, in ihren Ritualen und in ihrer Kunst. Oft werden ihnen übernatürliche Fähigkeiten zugeschrieben: Zum Beispiel können sie vor bösen Mächten warnen, oder sie sind Gestaltwandler – Menschen in der Gestalt von Dingos. Manche Mythen der Ureinwohner erzählen, dass sie in der Traumzeit erschaffen wurden, zur selben Zeit wie die Menschen.

Dolmen Megalithengrab mit einem großen, flachen Deckstein, der auf mehreren aufrecht stehenden Steinen ruht.

Donghu das 13. Geschlecht, dem Baitsakhan angehört. Ein Stammesbund mongolischer Nomaden und eine ethnische Gruppierung, die zum ersten Mal im 7. Jahrhundert v. Chr. erwähnt wird, und zwar namentlich als erste Zivilisation, die im Norden des heutigen China und der heutigen Mongolei Bronze verarbeitet hat. In einem ihrer Schöpfungsmythen erschuf der Gott Udan, der vom Himmel kam, aus Lehm den ersten Mann und die erste Frau. Der Bund der Donghu ging im Jahr 150 v. Chr. unter, als er von dem benachbarten Stamm der Xiongnu besiegt wurde.

Drake-Gleichung eine 1961 von Frank Drake entwickelte Gleichung, nach der man einschätzen kann, wie viele Zivilisationen es in der Milchstraße wahrscheinlich gibt.

.30-06 vielseitig einsetzbare Gewehrpatrone, die vom US-amerikanischen Militär im Jahr 1906 entwickelt wurde und bis heute in Nordamerika bei Freizeitschützen beliebt ist. Umgangssprachlich auch für jede Schusswaffe, in der diese Patrone verwendet wird.

Dubai an der Südküste des persischen Golfs gelegen, ist Dubai die Hauptstadt des Emirats Dubai und die größte Stadt der Vereinigten Arabischen Emirate. Gleichzeitig ist sie ein Dreh- und Angelpunkt für Wirtschaft, Verkehr und Kultur und wurde in den vergangenen Jahren zum Schauplatz mehrerer gewaltiger Bauprojekte. Die Region ist, wie die Entdeckung von Steinwerkzeugen bewiesen hat, seit etwa 7000 v. Chr. bewohnt, und um 2500 v. Chr. waren dort Rinderhirten beheimatet, die mit der Magan-Zivilisation in Verbindung standen.

Duda der Mann, der an Bord des Flugzeugs von Warschau nach Moskau neben Maccabee Adlai saß.

Du-Ku auch »Dulkug«, ist ein sumerisches Wort für »heiliger Hügel«, worunter eine Wohnstätte der Annunaki zu verstehen ist.

Eben ibn Mohammed al-Julan Hilals Mentor, ein ehemaliger Spieler aus dem Geschlecht der Aksumiten. Er ist sich unsicher, ob Hilal zu den richtigen Schlüssen über seinen Hinweis und die Wahrheit über Endgame gekommen ist.

Echnaton ägyptischer Pharao der achtzehnten Dynastie, der siebzehn Jahre lang regierte, wahrscheinlich von 1353 bis 1336 v. Chr. Seine Hauptgemahlin war Königin Nofretete, und er war der Vater von König Tutanchamun. Er versuchte, die Ägypter von einer polytheistischen Religion zu einer monotheistischen zu bekehren, setzte die Verehrung des Sonnengottes Aton durch und verbot jede Anspielung darauf, es könnte viele Götter geben. In künstlerischen Darstellungen wird er mit einem länglichen Schädel und anderen körperlichen Missbildungen gezeigt. Es ist möglich, dass Echnaton ein außerirdisches Wesen war, das sich als Mensch ausgab, um die ägyptische Zivilisation zu regieren.

Endgame ein Wettstreit auf Leben und Tod zwischen den zwölf Geschlechtern der Menschheit, inszeniert von außerirdischen Wesen und von einem Vertreter jeden Geschlechts gespielt. Die Spieler müssen drei Schlüssel finden: den Erdschlüssel, den Himmelsschlüssel und den Sonnenschlüssel, und sie dem Außerirdischen mit Namen kepler 22b bringen. Nur der Gewinner und

Echnaton

sein Geschlecht können überleben. Einige der Spieler finden heraus, dass Endgame von der Entdeckung des Erdschlüssels ausgelöst wird und dass es sich um einen sich selbst erneuernden Kreislauf handelt, und nicht um ein unabwendbares Ereignis.

Edo früherer Name von Tokio und von 1603 bis 1868 Sitz des Tokugawa-Shogunats. Mitte des 15. Jahrhunderts noch ein kleines Fischerdorf, wuchs die Siedlung bis 1721 mit einer Bevölkerung von rund einer Million zur größten Stadt der Welt an. 1868, als sie die Hauptstadt von Japan wurde, wurde sie in Tokio umbenannt.

Empire State Building Wolkenkratzer mit 103 Stockwerken in New York City in den USA. Diese kulturelle und architektonische Ikone der Vereinigten Staaten steht heute in der Rangliste der höchsten Gebäude der Welt auf Platz 23. Es wurde von William Lamb entworfen, und der Bau begann am 17. März 1930. Eröffnet wurde es am 1. Mai 1931, und zum Zeitpunkt seiner Fertigstellung war es das höchste Gebäude der Welt.

Enūma eliš babylonischer Schöpfungsmythos, wahrscheinlich zwischen dem 18. und 16. Jahrhundert v. Chr. entstanden. Darin wird erklärt, dass die Annunaki genannten Götter die Menschen erschaffen haben, damit sie ihnen dienen. In Wirklichkeit waren diese »Götter«

möglicherweise außerirdische Wesen, die zur Erde gekommen sind, um nach Gold zu graben. Diese Geschichte ähnelt späteren Schöpfungsmythen, wie sie sich in den jüdischen und christlichen Mythologien finden.

Erdschlüssel der erste der drei Schlüssel von Endgame, der von den Spielern gefunden werden muss, wenn sie gewinnen und ihr Leben retten wollen. Sarah Alopay beansprucht ihn für sich, indem sie in Stonehenge die Scheibe von Baian-Kara-Ula in Stein 53 einpasst.

Ereignis der Abschnitt von Endgame, der einen großen Teil der Erde zerstören und diejenigen auslöschen wird, die auf ihr leben. Theoretisch kämpfen die Spieler genau dagegen an, um sich und ihr Geschlecht zu retten, obwohl es Ausnahmen gibt wie An Liu, der spielt, damit niemand gewinnt oder überlebt. Das Ereignis wird in Wirklichkeit durch die Spieler ausgelöst, die an Endgame teilnehmen und den Erdschlüssel aktivieren.

Eröffnung Ereignis, das vom Sturz zwölf großer Meteoriten auf den Planeten Erde angekündigt wird. Dadurch werden die Spieler auf den Beginn von Endgame aufmerksam gemacht. Die Spieler müssen sich an einen ganz bestimmten Ort begeben, wo sie einander zum ersten Mal sehen und die außerirdischen Wesen kennenlernen, die Endgame lenken. Bei der Eröffnung erhalten die Spieler die Hinweise, die ihnen helfen werden, den Erdschlüssel zu finden.

Etemenanki eine Zikkurat in der altertümlichen Stadt Babylon, die dem Gott Marduk geweiht ist. Sie wurde mit dem biblischen »Turmbau zu Babel« in Zusammenhang gebracht, der, so heißt es, die Menschheit gespalten hat. Es herrscht Ungewissheit, wann genau sie errichtet wurde; manche datieren ihre Entstehung auf das 14. Jahrhundert v. Chr. Um das Jahr 600 v. Chr. wurde sie von Nebukadnezar II. wieder aufgebaut und erreichte damals eine Höhe von fast 300 Fuß.

Euklidische Geometrie mathematisches System, das von dem griechischen Mathematiker Euklid entwickelt wurde.

Ezana Hilals Urahne und erster König der Aksumiten; er hat den christlichen Glauben angenommen und wird von der orthodoxen Kirche Äthiopiens als Heiliger angesehen.

Ezechiel zentrale Figur und Verfasser des Buches Ezechiel im jüdischen Tanach und im Alten Testament; er wird von mehreren Religionen als Prophet angesehen. Das genannte Buch beschreibt eine Begegnung mit einem fliegenden Gefährt, das Feuer und laute Geräusche ausstößt, wobei es sich um die Beschreibung einer Begegnung mit dem Raumschiff einer außerirdischen Rasse handeln könnte.

Fatih-Sultan-Mehmet-Brücke Brücke in Istanbul, die den Bosporus überspannt. Fertiggestellt wurde sie 1988, und auf der Liste der längsten Hängebrücken der Welt belegt sie Platz 19. Benannt ist sie nach Mehmed dem Eroberer, der 1453 das damalige Konstantinopel eroberte und der Herrschaft des Byzantinischen Reiches entriss.

Fenerbahçe türkischer Fußballverein aus Istanbul und Marcus' Lieblingsmannschaft.

Feng Tian Taxifahrer in Xi'an, der von Chiyoko Takeda ermordet wird.

Fersenstein ein großer Felsblock von etwa 15 Fuß Höhe, der vor dem Eingang von Stonehenge steht.

Feueratem legendärer Name für den Vulkanausbruch, der die minoische Siedlung auf der Insel Santorin zerstörte und Mitte des 2. Jahrhunderts v. Chr. möglicherweise auch Knossos verwüstete.

Fibonacci-Spirale wenn Rundbögen innerhalb der Fibonacci-Kacheln die gegenüberliegenden Ecken der Quadrate miteinander verbinden, entsteht eine Spirale, die sich einer goldenen Spirale annähert. Eine goldene Spirale ist eine logarithmische Spirale, deren Wachstumsfaktor dem goldenen Schnitt entspricht.

Fibonacci-Zahlen Folge ganzer Zahlen, die mit 0 und 1 beginnt, gefolgt von unendlich vielen weiteren ganzen Zahlen, jede davon die Summe der beiden vorhergehenden. Obwohl diese Zahlenfolge bereits in gelehrten Schriften vorkommt, die bis zu den mathematischen Denkern Indiens im 2. Jahrhundert v. Chr. zurückreichen, ist sie nach Fibonacci benannt, einem italienischen Mathematiker aus dem 12. und 13. Jahrhundert n. Chr. In der Natur tritt diese Zahlenfolge überraschend häufig auf, zum Beispiel in der Anzahl der Spiralen im Blütenstand der Kamille oder in der Verästelung von Bäumen.

Forkhead-Box-Protein P2 auch als FOXP2 bezeichnet, ist ein Protein, das von dem Gen FOXP2 auf Chromosom 7 codiert ist. Es ist für die Entwicklung und Funktion verschiedener Teile des Gehirns verantwortlich, und Mutationen in diesem Gen führen zu Sprachstörungen. Es wurde die Theorie aufgestellt, dass dieses Gen zu den entscheidenden Mutationen gehört, die eine uralte außerirdische Rasse an der Menschheit vorgenommen hat, um sie in die Lage zu versetzen, zu sprechen und sich weiterzuentwickeln.

Gangtok Hauptstadt des indischen Bundesstaats Sikkim, in den östlichen Ausläufern des Himalaya in einer Höhe von etwa 5.000 Fuß gelegen. Shari Chopra ist dort zu Hause. Die frühesten Aufzeichnungen über die Stadt erwähnen ein Kloster Gangtok, das 1716 gebaut wurde.

Gansu Provinz im Nordwesten Chinas, die im Norden an die Mongolei grenzt und 26 Millionen Einwohner hat. Es gibt Zeugnisse dafür, dass Gansu bereits 6000 v. Chr. bewohnt war, als die neolithische Dadiwan-Kultur dort siedelte. Die Provinz wird häufig von Naturkatastrophen heimgesucht, darunter Erdbeben und Dürreperioden, und sie hat sich erst in jüngster Zeit wirtschaftlich entwickelt, in erster Linie dank reicher Mineralvorkommen.

Gaoling ein Kreis der Stadt Xi'an in der nordwestchinesischen Provinz Shaanxi. Die Gegend ist seit Jahrtausenden bewohnt, angefangen mit dem »Lantian-Menschen«, der dort 1963 entdeckt wurde und vor 500.000 Jahren lebte. Darüber hinaus wurde in der Provinz ein neolithisches Dorf aus dem 4. Jahrtausend v. Chr. gefunden, und hier wurde auch im 11. Jahrhundert v. Chr. die Zhou-Dynastie begründet.

Geschlecht eine Erbfolge der Menschheit, die von gemeinsamen Vorfahren abstammt und im Endgame von einem einzigen Spieler vertreten wird. Insgesamt gibt es zwölf Geschlechter: Minoer, Mu, Cahokianer, Koori, La Tène, Donghu, Olmeken, Shang, Harrapa, Sumerer, Nabatäer und Aksumiten.

Gilgamesch-Epos eines der ältesten überlieferten literarischen Werke der Menschheit, ein sumerisches Langgedicht, das irgendwann zwischen 2150 und 1000 v. Chr. entstanden ist. Es erzählt die Geschichte des fünften Königs von Uruk, der halb Gott, halb Mensch war, und seine Abenteuer mit seinem Freund Enkidu. Darin enthalten sind sumerische Mythen von der Überflutung der Erde, die erstaunliche Ähnlichkeit mit vergleichbaren Mythen aus allen Zeiten und von überall auf dem Globus aufweisen.

Glock 19 aufgrund ihrer kleinen Größe ist diese Pistole ideal als versteckte Waffe und als Reserve geeignet. Erstmals 1988 von der österreichischen Glock GmbH gebaut, wurde sie ursprünglich für die Armee und die Polizei entwickelt.

Gobi 500.000 Quadratmeilen große zentralasiatische Steppenwüste im Norden Chinas und im Süden der Mongolei, die sich aufgrund der Versteppung immer weiter auf das Grasland Chinas ausbreitet. In archäologischer Hinsicht ist sie wichtig, weil dort zahlreiche bedeutende Fossilien gefunden wurden, darunter das erste Dinosaurierei, das von Menschen entdeckt wurde. Im Neolithikum war sie von kleinen Gruppen von Jägern und Nomaden besiedelt, darunter frühe Rentierzüchter.

Göbekli Tepe bekanntes Grabungsfeld aus dem Neolithikum im südöstlichen Anatolien in der Türkei. Die ältesten Teile der Anlage reichen bis in das zehnte Jahrtausend v. Chr. zurück, daran gebaut wurde jedoch bis ins siebte Jahrtausend v. Chr. Die Anlage besteht aus über 200 Pfeilern, die kreisförmig angeordnet sind, bis zu 20 Tonnen wiegen und mit unterschiedlichen detaillierten Tierreliefs verziert sind. Es ist unbekannt, wie die Menschen damals in der Lage waren, eine Anlage von dieser Größe zu errichten, und manche glauben, dass dies nur mithilfe außerirdischer Wesen möglich war.

Goldene Kammer mit Gold gefüllte Höhle unter Göbekli Tepe. Ihre Wände sind mit lateinischen Buchstaben und arabischen Ziffern bedeckt, und das, obwohl sie angelegt wurde, bevor diese Formen der Schrift nach landläufiger Meinung erfunden wurden oder der Menschheit bekannt waren.

Goldener Schnitt im Lateinischen die *proportio divina,* ist ein mathematisches Teilungsverhältnis, bei dem das

Verhältnis des Ganzen zu seinem größeren Teil dem Verhältnis des größeren zum kleineren Teil entspricht. Erstmals beobachtet wurde es von griechischen Mathematikern im 5. Jahrhundert v. Chr., und seither wurde es immer weiter verfeinert. Wenn eine Zahl innerhalb der Fibonacci-Folge durch die Zahl unmittelbar davor geteilt wird, entspricht das Ergebnis fast genau dem goldenen Schnitt.

Granate kleine Bombe, die von Hand geworfen werden kann. Am weitesten verbreitet sind Granaten, die beim Aufprall oder nach einer voreingestellten Zeit explodieren. Es gibt noch andere Varianten, wie zum Beispiel Brandgranaten, Betäubungsgranaten oder chemische Granaten.

Große Göttin eine der angestammten Gottheiten der Minoer, möglicherweise eine weibliche Außerirdische, die sich als menschliche Herrscherin ausgibt.

Große Wildganspagode im Jahr 652 während der Tang-Dynastie in Xi'an, China, als buddhistischer Tempel errichtet, der Legende zufolge von buddhistischen Mönchen an einer Stelle, wo eine Wildgans vom Himmel fiel. Dies wurde als Zeichen eines Bodhisattva gesehen, der von den Mönchen verlangte, frommer zu sein und kein Fleisch mehr zu essen. Hierher müssen die Spieler

Große Wildganspagode

sich nach der Eröffnung begeben, um ihre Hinweise für Endgame zu erhalten.

Große Eltern ein Name für die Annunaki, die Außerirdischen, die Endgame inszenieren.

Großes Rätsel der Erlösung ein anderes Wort für *Endgame.*

Große Sphinx von Gizeh größte monolithische Statue der Welt, eine aus Kalkstein gemeißelte Sphinx innerhalb des Pyramiden-Komplexes von Gizeh in der Nähe von Kairo in Ägypten. Erbaut wurde sie während der Herrschaft von Pharao Chephren zwischen 2558 und 2532 v. Chr.

Großer Tiger Bezeichnung für die Hindu-Göttin Durga, eine der populärsten Erscheinungsformen von Shakti.

Große Weiße Pyramide mythische Pyramide, die in der chinesischen Provinz Shaanxi verortet wird. Der Legende zufolge ist sie über 1.000 Fuß hoch, staubig weiß und mit einem Edelstein gekrönt. Außerhalb von China wurde sie bekannt, als der amerikanische Kampfpilot James Gaussman berichtete, er hätte sie im März 1947 im Qin-Ling-Gebirgszug gesichtet. In dieser Gegend gibt es noch weitere Pyramiden, die vergleichsweise klein sind und aus festgeklopfter Erde bestehen, aber keine davon verfügt über die Größe und das Erscheinungsbild der Großen Weißen Pyramide. Viele glauben, diese Pyramide sei von oder mithilfe von außerirdischen Wesen errichtet worden.

Große Zikkurat von Ur eine Zikkurat in der altertümlichen Stadt Ur, die sich im heutigen Gouvernement Dhi Qar im Irak befindet. Ursprünglich wurde sie im 21. Jahrhundert v. Chr. von den Sumerern errichtet und im 6. Jahrhundert dann von Nabonid, dem letzten König

des Neubabylonischen Reiches, wieder aufgebaut. Ursprünglich war sie dem sumerischen Mondgott Nanna geweiht, und es wurde die Theorie aufgestellt, dass Nanna, wie auch andere sumerische Götter, außerirdische Wesen waren, die als Götter verehrt wurden.

Hadaikum das erste Erdzeitalter, das mit der Entstehung der Protoerde vor 4.540 Millionen Jahren beginnt und vor 4.000 Millionen Jahren endet. Steine aus dieser Epoche wurden in Grönland, Kanada und Australien gefunden.

Halt-Tape Tonbandaufzeichnung von schlechter Qualität, die bei den Ermittlungen im Zusammenhang mit dem Rendlesham-Forest-Zwischenfall, einer berüchtigten UFO-Sichtung, eine Rolle spielt.

Harrapa das 55. Geschlecht, dem Shari Chopra angehört. Auch als Indus-Zivilisation bekannt, gehört die Harrapa-Kultur der Bronzezeit an und existierte von 3300 bis 1300 v. Chr. Ihr Ausbreitungsgebiet erstreckte sich vom heutigen Afghanistan über Pakistan bis nach Nordindien. Vielfach wird die Theorie vertreten, ihr Zusammenbruch sei einem Monsunzyklus geschuldet, der die Einwohner zur Umsiedlung zwang. Andere behaupten jedoch, die Stärke der Radioaktivität, an Skeletten gemessen, die auf den Straßen von Mohenjo-Daro gefunden wurden, würde nahelegen, das diese Zivilisation durch den Einsatz einer Atombombe ausgelöscht wurde.

Hebei Provinz im Norden der Volksrepublik China, 1928 von der chinesischen Zentralregierung gegründet.

Diese Gegend wird von den Menschen und ihren evolutionären Vorfahren seit mindestens 200.000 Jahren bewohnt.

Heckler & Koch USP Compact Tactical halbautomatische Pistole, die seit 1991 von der deutschen Firma Heckler & Koch GmbH hergestellt wird.

Heilige fortdauernde Schöpfungsgegenwart ein Begriff, den Alice Ulapala verwendet, um die legendären Traumlande der australischen Ureinwohner zu bezeichnen.

Helium chemisches Element mit dem Elementsymbol He und der Ordnungszahl 2, ein farbloses, geruchloses, geschmackloses, reaktionsträges Gas und das zweithäufigste chemische Element im Universum. Es ist nach dem griechischen Sonnengott Helios benannt und wird in der Tieftemperaturtechnik, in Luftschiffen und bei der Erforschung der Quantenmechanik eingesetzt.

Henan Provinz in der östlichen Mitte der Volksrepublik China, die oft als Geburtsstätte der chinesischen Zivilisation bezeichnet wird. Hier soll die Xia-Dynastie beheimatet gewesen sein, die erste chinesische Dynastie überhaupt, die auf das 21. Jahrhundert v. Chr. datiert wird. Etwa fünfhundert Jahre später, als die Angehörigen des Stammes Shang rebellierten, fand diese Dynastie ihr Ende.

Hethiter Zivilisation, die im frühen 16. Jahrhundert v. Chr. in Anatolien zu Macht und Ansehen kam. Die Hethiter beteten zahlreiche unterschiedliche Götter an, in erster Linie mehrere Varianten des Wettergottes, der häufig als »König des Himmels« bezeichnet wird.

Hilal ibn Isa al-Salt Spieler des aksumitischen Geschlechts aus Addis Abeba in Äthiopien. Er wurde innerhalb der christlichen Kirche für Endgame ausgebildet und glaubt an die Macht der Liebe und der Menschlichkeit. Seiner Meinung nach bedeutet sein Hinweis, dass das Ereignis nur stattfindet, wenn die Spieler sich auf das Spiel einlassen und den Erdschlüssel finden. Obwohl er ein gewandter Krieger ist, sucht er aufgrund seiner religiösen Überzeugungen nicht die Konfrontation, und dies hindert ihn daran, zur Tat zu schreiten, als er die Wahrheit über Endgame herausfindet.

Himmelsgötter anderer Name für die Annunaki, die außerirdischen Wesen, die Endgame inszenieren.

Himmelskönigin cahokianische Bezeichnung für eine weibliche Herrscherin über die außerirdischen Wesen, die Endgame inszenieren.

Himmelsschlüssel der zweite Schlüssel, den die Spieler an sich bringen müssen, um Endgame zu gewinnen. Nachdem Sarah Alopay das Ereignis auslöst, findet Shari Chopra heraus, dass ihre Tochter Alice der Himmelsschlüssel ist.

Himmelsvolk cahokianischer Name für die Annunaki. Legenden zufolge haben diese Wesen den Cahokianern zu einer Blüte verholfen, waren aber auch der Grund für den Untergang ihrer Zivilisation.

Hua ein Kreis der bezirksfreien Stadt Weinan in der chinesischen Provinz Shaanxi. 1556 wurde die Region von einem entsetzlichen Erdbeben erschüttert, bei dem etwa 830.000 Menschen ums Leben kamen. Viele von ihnen lebten in »Yaodon« genannten Höhlen, die in die weichen Berghänge aus Löss gebaut waren und bei dem Erdbeben einstürzten. Dieses Erdbeben war außerdem dafür verantwortlich, dass die Kleine Wildganspagode in Xi'an fast 6 Fuß an Höhe verlor.

Hubei Provinz in der östlichen Mitte der Volksrepublik China und nördlich des Dongting-Sees, Standort der Drei-Schluchten-Talsperre.

Hunan Provinz in der südlichen Mitte der Volksrepublik China und südlich des Dongting-Sees. Als sie noch von

Urwäldern bedeckt war, siedelten dort die Vorfahren der heutigen Miao, Tujia, Dong und Yao. Als die Han, nach denen heute viele Ortschaften benannt sind, aus dem Norden einwanderten, wurde der Wald abgeholzt.

Istanbul mit 14,1 Millionen Einwohnern die größte Stadt der Türkei, an beiden Ufern des Bosporus gelegen. Diese Gegend ist seit dem Neolithikum besiedelt, die ersten bekannten Niederlassungen datieren auf das 7. Jahrtausend v. Chr. Istanbul (früher Byzanz) wurde 660 v. Chr. auf Geheiß des Orakels von Delphi von Griechen aus Megara gegründet. Die Stadt wurde seither infolge einer Reihe von Belagerungen und Eroberungen mehrmals umbenannt, erst in Konstantinopel und schließlich in Istanbul.

Jalair Baitsakhans älterer Bruder. Er unterstützt Baitsakhan dabei, die anderen Spieler zu verfolgen, wird letztlich jedoch in Göbekli Tepe von Kala Mozami ermordet.

Juliaca Hauptstadt der Provinz San Román in der Region Puno in Peru. Sie liegt 28 Meilen nordwestlich des Titicacasees auf dem Hochplateau Altiplano. Bevor die Region von den Spaniern erobert wurde, lebten dort die Aymara und die Quechua.

Kachinas Geister aus der religiösen Tradition der Pueblo-Indianer im Südwesten der USA. Der sogenannte »Blue-Star-Kachina« ist einer dieser Geister, und wenn er erscheint, bedeutet dies, dass die Apokalypse bevorsteht, was sich möglicherweise auf die Rückkehr der außerirdischen Annunaki zum Planeten Erde bezieht.

Kalaschnikow vollautomatisches Sturmgewehr, das auf Entwürfen von Michail Kalaschnikow basiert. Der bekannteste Typ ist die AK-47, die größtenteils in den Ischmasch-Werken produziert wird.

Kangchendzönga der dritthöchste Berg der Welt befindet sich im Himalaya an der Grenze zwischen Nepal und dem indischen Bundesstaat Sikkim. Der Legende zufolge lebt dort der Kangchendzönga-Dämon, eine Kreatur, die meist aufrecht geht und dem Yeti ähnelt. Manche behaupten, sie sei außerirdischen Ursprungs.

Känozoikum ein auf das Mesozoikum folgendes Erdzeitalter, das vor 65 Millionen Jahren begann. Es ist als »Zeitalter der Mammalia« bekannt, da das Aussterben der Dinosaurier und anderer Arten es den Säugetieren (Mammalia) ermöglichte, sich weiter auszubreiten und zu diversifizieren. In jener Epoche begannen auch die Kontinente, ihre heutige Anordnung und Form anzunehmen.

Karahundsch auch als Zorakarer (»Stein-Sammlung«) bekannt, ein 7.500 Jahre alter Steinkreis in der Provinz Sjunik in Armenien. Das Gräberfeld beinhaltet 222 aufrecht stehende Felsbrocken von bis zu 9,2 Fuß Höhe. In 84 davon befinden sich kreisrunde Löcher, deren Zweck unbekannt ist. Es heißt, diese paläolithische »Stein-Sammlung« sei mit Unterstützung außerirdischer Wesen errichtet worden, da davon ausgegangen wird, dass die Menschen jener Zeit nicht über die mathematischen oder technischen Fähigkeiten verfügten, um ein solches Bauwerk zu konstruieren.

Katana Schwert, das meist mit den Samurai aus Japans Feudalzeitalter in Verbindung gebracht wird. Dabei handelt es sich um eine geschwungene Waffe mit einfacher Schneide, die beidhändig geführt wird. Im 15. Jahrhundert war die Waffe bereits weit verbreitet. Die Länge der Schneide änderte sich im Laufe der Zeit immer wieder, doch traditionell wird das Langschwert Katana zusammen mit einem kürzeren Schwert getragen, zum Beispiel einem Wakizashi.

Kayseri Großstadt in Zentralanatolien in der Türkei mit 844.656 Einwohnern, die seit etwa dem Jahr 3000 v. Chr., als die Hethiter sich dort niederließen, ein wichtiges Handelszentrum darstellt.

kepler 22b Name des Außerirdischen, der den Spielern die Anweisungen für Endgame erteilt. Außerdem der Name eines Planeten im Sternbild des Schwans, der 600 Lichtjahre von der Erde entfernt ist. Dabei handelt es sich um den ersten von den Menschen entdeckten Planeten, der in einer habitablen Zone um einen Stern kreist, der unserer Sonne ähnelt und daher möglicherweise bewohnbar ist.

Kinect eine Xbox-Hardware, die es dem Benutzer mithilfe von Bewegungssensoren ermöglicht, die Spielkonsole ohne den Einsatz eines Gamepads zu steuern.

K'inich Janaab Pakal I. Herrscher über die Maya-Stadt Palenque, die er von 615 bis 683 n. Chr. regierte. Während dieser Zeit war er verantwortlich für den Bau zahlreicher beeindruckender Gebäude und Kunstwerke, und nach seinem Tod wurde er von seinem Volk zum Gott erhoben. Der Deckel seines Sarkophags ist mit einem Relief verziert, das Pakal zeigt, wie er in die Unterwelt hinabsteigt, aber es wurde auch die Theorie aufgestellt, es könnte darstellen, wie Pakal an Bord einer Weltraumfähre in den Himmel aufsteigt. Diese alternative Interpretation gilt als Beleg dafür, dass die Zivilisation der Maya mit einer uralten außerirdischen Rasse in Kontakt stand.

Kirche des Bundes eine geheime Kirche, die wie ein Kreuz geformt ist und unterirdisch in Fels gemeißelt wurde. Vor fast 2.000 Jahren in Nord-Äthiopien auf dem Gebiet des ehemaligen Königreichs von Aksum erbaut, befindet sich dort der derzeitige Aufbewahrungsort der Bundeslade.

Kızıltepe Stadt in der türkischen Provinz Mardin in Südostanatolien, die fast 130.000 Einwohner hat.

Kleine Wildganspagode Pagode in der chinesischen Stadt Xi'an, die von 707 bis 709 n. Chr. von Kaiser Zhongzong der Tang-Dynastie errichtet wurde. Sie war 482 Fuß hoch, bis das Erdbeben von Shaanxi 1556 den Turm zerstörte, der die obersten 6 Fuß ausmachte. Sie beherbergte eine Sammlung historischer Artefakte und bildete einen Teil des Museums von Xi'an, bis sie von dem Meteorit zerstört wurde, der die Eröffnung und den Beginn von Endgame ankündigte.

Knossos bronzezeitliche Stadt auf der Insel Kreta in der Nähe des modernen Heraklion. Dieser Ort war mehrere tausend Jahre lang besiedelt, und zwar seit dem 7. Jahrtausend v. Chr. Von 2700 v. Chr. bis zu ihrem Untergang 1375 v. Chr. war sie das Zentrum der minoischen Kultur. Das Labyrinth des Palastes von Knossos wurde von dem Architekten Daedalus entworfen, um Minos' Sohn, ein

Ungeheuer mit Stierkopf und menschlichem Leib, gefangen zu halten.

Knuckey Lagoon weitgehend ländliche Gegend in Darwin, Australien, die nach einem Landvermesser benannt ist und 1869 begründet wurde. Es leben dort weniger als 100 Menschen.

Koori das 34. Geschlecht, dem Alice angehört. Die Koori sind eine Gruppierung australischer Ureinwohner, die aus dem heutigen New South Wales, Victoria und Tasmanien stammen. Anfangs bezeichnete das Wort ein Bündnis mehrerer Stämme, die sich 1663 zusammenschlossen und schließlich dauerhaft zu einer Nation wurden. Die Ankunft der Europäer in Australien löste jedoch den raschen Niedergang dieser Kultur aus. Während dieser Zeit kamen viele Koori durch Krankheiten oder Gewalt ums Leben, eine Folge von Rassismus und Ausbeutung, und bis in die 1870er-Jahre waren sie weitgehend verschwunden. Koori ist darüber hinaus ein Begriff, den die Annunaki für alle australischen Ureinwohner verwenden.

Kopp, Aisling die Spielerin des La-Tène-Geschlechts stammt aus New York, USA. Sie wurde bestens auf ihre Aufgabe vorbereitet, hat jedoch Endgame gegenüber ein ambivalentes Verhältnis. Wie Hilal vermutet sie, dass der Kreislauf von Endgame durchbrochen werden kann. Allerdings engagiert sie sich nicht stark genug, um Sarah und Jago erfolgreich davor zu warnen, das Ereignis auszulösen.

Kopten eine Gruppe christlicher Einwohner Ägyptens und die größte Gruppe von Christen in Vorderasien. Dieser Zweig der Christenheit trat erstmals im 1. Jahrhundert n. Chr. in Erscheinung, und die koptische Kirche in Alexandria ist die älteste christliche Kirche Afrikas. Die koptische Sprache stammt direkt von der Sprache der alten Ägypter ab.

Krav Maga Selbstverteidigungssystem, das verschiedene Techniken aus vielen unterschiedlichen Disziplinen miteinander verbindet und großen Wert darauf legt, dass man es nur im absoluten Notfall zur Konfrontation kommen lässt. Wenn man einem Kampf nicht ausweichen kann, lehrt Krav Maga Methoden, wie man effektiv und effizient einen Gegner ausschalten kann, und zwar so schnell wie irgend möglich.

Kreml befestigter Gebäudekomplex in der Mitte Moskaus in Russland. Er dient als Amtssitz des russischen Präsidenten und nimmt eine Fläche von 66 Morgen ein. Dieses Gebiet wird seit dem 2. Jahrhundert v. Chr. bewohnt, als sich ein befestigtes Gebäude auf dem Borowizki-Hügel befand. Der eigentliche Kreml wurde Ende des 15. Jahrhunderts innerhalb eines Zeitraums von 13 Jahren gebaut. Zuletzt wurde der Hubschrauberlandeplatz angelegt, den der derzeitige Präsident Wladimir Putin genehmigte und der Mitte 2013 fertiggestellt wurde.

Kugelhammer Hammer, der für gewöhnlich in der Metallbearbeitung eingesetzt wird und der eine hochgewölbte, polierte Bahn aufweist. Er wird zum Vernieten verwendet und um Stifte und Nägel bündig einzuschlagen.

Kurdisch Gruppe von Sprachen, die von der Volksgruppe der Kurden im westlichen Asien gesprochen wird. Diese Sprachen reichen bis mindestens ins 9. Jahrhundert v. Chr. zurück, und ihr derzeitiger offizieller Status unterscheidet sich von Ort zu Ort. Im Irak ist Kurdisch eine der offiziellen Landessprachen; in der Türkei war es von 1980 bis 1991 verboten, das Kurdische zu verwenden; in Syrien ist es noch immer illegal, auf Kurdisch zu publizieren.

Kurdistan geo-kulturelle Region, in der die Kultur und Volksgruppe der Kurden historisch gesehen zu Hause war. Sie entspricht Teilen der heutigen Osttürkei, dem nördlichen Irak, dem nordwestlichen Iran und dem nordöstlichen Syrien, Gebiete, in denen der Hauptteil der Bevölkerung Kurden sind. Es gibt zahlreiche Organisationen nationalistischer Kurden, die sich für einen unabhängigen Staat einsetzen.

Lago Beluiso ein See in der zu Italien gehörigen Region Lombardei in den Schweizer Alpen. Hierher reist Aisling Kopp während der ersten Runde von Endgame, und hier versucht sie, die Wandmalereien in einer Höhle in der Nähe des Sees zu entziffern.

Lalibela eine Stadt in Äthiopien, in der Gebre Mesquel Lalibela im späten 12. und frühen 13. Jahrhundert elf monolithische Kirchen errichtet hat. Viele glauben, dass die Technologie, die nötig ist, um diese Kirche aus dem Fels zu meißeln, weit über das hinausgeht, was dem aksumitischen Volk in der Zeit ihrer Entstehung zur Verfügung stand. Gebra Lalibela hat diese Kirchen möglicherweise unter der Anleitung der Annunaki errichtet.

Lalibela, Gebra Meskal Hilals Urahne, ein äthiopischer König aus dem späten 12. und frühen 13. Jahrhundert n. Chr. Von der orthodoxen Kirche Äthiopiens wird er als Heiliger verehrt; am bekanntesten ist er dafür, dass er den Bau der Felsenkirchen in Lalibela in Auftrag gegeben hat.

La Tène das 3. Geschlecht, dem Aisling Kopp angehört. Dabei handelt es sich um eine Zivilisation der Eisenzeit, die von 450 v. Chr. bis in das 1. Jahrhundert v. Chr. andauerte und von vielen als zur keltischen Kultur gehörig angesehen wird. Benannt wurde sie nach dem Dorf La

Tène am Ufer des Neuenburgersees in der Schweiz, wo Hansli Kopp im Jahr 857 eine große Lagerstätte von Artefakten entdeckte. Die La Tène entwickelten sich aus der früheren Hallstattkultur in Zentral- und Osteuropa, bevor sie sich weiter ausbreiteten, und zwar bis nach Frankreich, Großbritannien und Spanien. Sie waren ein polytheistisches Volk, das eine Vielzahl verschiedener Götter und Göttinnen verehrte.

Lateinische Buchstaben Symbole des lateinischen Alphabets, das in vielen modernen Sprachen Verwendung findet. Eine Theorie besagt, dass die früheste Form von den Römern im 7. Jahrhundert v. Chr. aus der griechischen Kolonie Cumae entlehnt wurde. Über einen Zeitraum von mehreren Jahrhunderten wurde das Alphabet umgestaltet und erweitert, bis es irgendwann im Mittelalter in etwa die heutige Form angenommen hatte.

Lidocain ein örtlich wirkendes Betäubungsmittel.

Lin 13 Jahre altes Mädchen, dem Shari Chopra – unter Alice Ulapalas Augen – hilft, in einem Bus in der chinesischen Provinz Sichuan ein Kind zur Welt zu bringen.

Lintong Stadtbezirk in Xi'an in der chinesischen Provinz Shaanxi, wo 1974 die Terrakotta-Armee und das Mausoleum des ersten Kaisers der Qin-Dynastie entdeckt wurden. Benannt wurde der Bezirk nach dem Fluss Lin im Osten und dem Fluss Tong im Westen.

Lithium chemisches Element mit dem Elementsymbol Li und der Ordnungszahl 3, ein weiches, silberweißes Metall. Es ist hochgradig reaktiv und entflammbar und tritt entsprechend in der Natur nur in Verbindungen auf. Industriell findet es in hitzebeständigem Glas, Flugzeuglegierungen und Batterien Verwendung.

Liu, An Spieler des Shang-Geschlechts aus Xi'an in China. Seine Ausbildung für Endgame schloss Folter und Missbrauch ein, eine Erfahrung, die bei ihm physische wie psychische Narben hinterlassen hat. An nimmt an Endgame teil, um alle anderen Spieler zu töten, damit es keinen Gewinner geben kann, und er findet Freude an Mord und Totschlag.

Liuyang Stadt mit über 1,25 Millionen Einwohnern in der chinesischen Provinz Hunan, am gleichnamigen Fluss gelegen. Bekannt ist sie für ihre Feuerwerksfabriken und weil sie unweit von Shaoshan liegt, dem Geburtsort Mao Zedongs.

Lombardei norditalienische Region an der Schweizer Grenze. Es gibt archäologische Hinweise, darunter Waffen und Felsmalereien, dass sie mindestens seit dem 2.

Jahrtausend v. Chr. von Menschen bewohnt war. Im 5. Jahrhundert v. Chr. drangen die La-Tène-Kelten in diese Gegend ein und ließen sich in mehreren Städten nieder, darunter im heutigen Mailand. Schließlich eroberte das römische Reich die Lombardei, und sie wurde zur römischen Provinz Gallia cisalpina.

Luwier alte, inzwischen ausgestorbene Kultur, die in der anatolischen Region existierte, in der heute die Türkei liegt. Sie existierte gleichzeitig mit den Hethitern, die sie um ein halbes Jahrtausend überlebte. Die Luwier hatten ein ähnliches Glaubenssystem wie die Hethiter und verehrten zum Teil dieselben Götter, wie zum Beispiel Tarhund, den Gott der Stürme.

M203-Granatwerfer Einzelschusswaffe für 40-mm-Granaten, die ursprünglich entwickelt wurde, um an Sturmgewehren des Typs M16 und M4 angebracht zu werden (auch wenn sie darüber hinaus mit weiteren Gewehren kompatibel ist). Entwickelt wurde sie in den späten 1960er-Jahren, und seit den frühen 1970ern ist sie beim US-Militär im Einsatz. Trotz des hohen Preises ist sie in den USA auch für Zivilisten erhältlich.

M4-Maschinengewehr Sturmgewehr, das vom US-Militär eingesetzt wird und von halbautomatischem auf Drei-Schuss-Modus umgestellt werden kann. Es ist in der Lage, moderne Panzerwesten zu durchdringen.

Machete großes Messer mit einer dünnen, zwischen 12 und 18 Zoll langen Klinge, die in manchen Regionen der Karibik auch als Entermesser bekannt ist. Es wird oft für landwirtschaftliche Zwecke verwendet, zum Beispiel um Zuckerrohr zu schneiden und Kokosnüsse zu spalten, aber es kann auch als Schwert verwendet werden.

Machu Picchu Ruinenstadt der Inka, die aus dem 15. Jahrhundert stammt und in 8.000 Fuß Höhe auf einem Bergrücken in der Region Cusco in Peru liegt. Ein Jahrhundert nach ihrer Errichtung wurde sie aufgegeben, und zwar als die Spanier Peru eroberten, sodass sie vor den eindringenden Europäern damals verborgen blieb.

Machu Picchu

Es wurde die Theorie aufgestellt, dass die Stadt unter der Anleitung von außerirdische Wesen gebaut wurde, die vor Jahrhunderten die Inka-Zivilisation besuchten.

Magan Region im heutigen Oman, wo von alten mesopotamischen Kulturen im späten 3. Jahrhundert v. Chr. Kupfer abgebaut wurde.

Manila Hauptstadt der Philippinen mit über 1,6 Millionen Einwohnern, am Ostufer der Manilabucht gelegen. Im Jahr 3000 v. Chr. wurde diese Gegend erstmals von Menschen besiedelt. In der Nähe von Manila hat man an einer Felswand die sogenannten Petroglyphen von Angono entdeckt, Gravuren von Menschen- und Tierfiguren, die aus dieser Zeit stammen. Seither wurde die Region von den unterschiedlichsten Kulturen beeinflusst, darunter die chinesische Ming-Dynastie, das Sultanat Brunei und die Spanier.

Manisaspor ein türkischer Fußballverein aus der Stadt Manisa, der 1931 unter dem Namen Sakaryaspor gegründet wurde.

Marca, Guitarrero Jagos Vater, ein ehemaliger Spieler aus dem olmekischen Geschlecht.

Marca, Hayu Jagos Mutter, eine ehemalige Spielerin aus dem olmekischen Geschlecht.

Megalos, Marcus Loxias der Spieler des minoischen Geschlechts aus Istanbul in der Türkei. Er ist in übertriebenem Maße von seinen Fähigkeiten überzeugt und kann es nicht erwarten, dass Endgame beginnt. Er verliert als erster Spieler sein Leben, als er während der Eröffnung von An Liu ermordet wird.

Meroe mehrere Jahrhunderte lang die Hauptstadt des Reiches Kusch, etwa 125 Meilen nordöstlich von Khartum am Nilufer im heutigen Sudan gelegen. Bewohnt war sie etwa von 800 v. Chr. bis 350 n. Chr., und der Untergang dieser Kultur wird auf den damaligen Zusammenbruch des Handels mit anderen sudanesischen Staaten zurückgeführt.

Mesozoikum Erdzeitalter, das in Trias, Jura und Kreidezeit unterteilt wird, vor etwa 252 Millionen Jahren begann und vor etwa 66 Millionen Jahren endete. Während dieser Zeit entwickelten sich die ersten Säugetiere, und am Ende dieser Ära kam es zu dem Massensterben, bei dem alle Land lebenden Dinosaurier ausgelöscht wurden.

Minoer das 5. Geschlecht, dem Marcus angehört. Außerdem eine bronzezeitliche Kultur auf der Insel Kreta, die vom 27. bis zum 15. Jahrhundert v. Chr. existierte. Der berühmteste Minoer war König Midas, angeblich ein Sohn des Gottes Zeus und der Göttin Europa und der Vater des Minotaurus; nach ihm wurde diese Zivilisation benannt.

Moai 887 monolithische Statuen in Menschengestalt, die

von 1250 bis 1500 v. Chr. von den Rapa Nui, den Ureinwohnern der Osterinsel, gefertigt wurden. Die höchste Moai maß 33 Fuß und wog 90 Tonnen, wurde jedoch von den Rapa Nui umgestoßen, als ihre Zivilisation unterging. Möglicherweise handelt es sich um Darstellungen allseits verehrter Ahnen und mächtiger Häuptlinge, die so aufgestellt wurden, das sie das Gesicht dem Ozean zuwandten. Manche glauben, dass die Kultur der Rapa

Nui nur in der Lage war, diese gewaltigen Statuen zu errichten, weil außerirdische Wesen, die auf den Inseln gestrandet waren, ihnen dabei halfen.

Mohren Begriff, der im Mittelalter für die muslimischen Einwohner Marokkos und der benachbarten Länder verwendet wurde. Im 8. Jahrhundert eroberten sie die Iberische Halbinsel (das heutige Spanien und Portugal) und hielten zumindest Teile dieser Länder bis zur Belagerung von Granada und der Kapitulation im Jahr 1492 besetzt.

Morgellons-Krankheit Krankheitsbild, bei dem die Betroffenen glauben, sie seien von einer Form von Parasit oder Faser befallen, welche die Krankheit verursacht. Die meisten Ärzte glauben, dass es sich dabei lediglich um eine Wahnvorstellung handelt und dass die Betroffenen das Leiden selbst verursachen, indem sie sich kratzen und sich selbst Wunden zufügen, während sie versuchen, den eingebildeten Parasiten zu entfernen. Es ist möglich, dass die Wissenschaft hier irrt und dass die Symptome in Wirklichkeit das Ergebnis einer Ansteckung mit einer außerirdischen Krankheit sind, die von außerirdischen Raumschiffen übertragen wird.

Mosul Stadt in der Provinz Ninawa im Norden des Irak. Sie liegt am rechten Ufer des Tigris und hat 1,8 Millionen Einwohner. Der Bibel zufolge wurde Ninive – so der ursprüngliche Name der Stadt – von König Nimrod gegründet. Im Jahr 700 v. Chr. wurde sie von König Sinahhe-eriba zur Hauptstadt von Assyrien erhoben. In Mosul wurden eine Reihe von Tontafeln entdeckt, die als die »Babylonischen Sternenkataloge« bekannt sind.

Mozami, Kala die Spielerin des sumerischen Geschlechts, aus al Ain in den Vereinigten Arabischen Emiraten. Sie ist außerdem als 5SIGMA bekannt. Kala ist so selbstbewusst, dass es an Arroganz grenzt, außerdem ist sie grausam und bereit, alles zu tun, um Endgame zu gewinnen. Letztlich wirkt sich das zu ihren Ungunsten aus, als sie von Baitsakhan und Maccabee in Göbekli Tepe gefangen genommen und ermordet wird.

Mu das 2. Geschlecht, dem Chiyoko angehört. Mit diesem Namen wird die Zivilisation bezeichnet, die den verlorenen Kontinent Mu bewohnte, dessen Überreste irgendwo tief im Pazifik liegen sollen. Diese legendäre Zivilisation soll hochentwickelt gewesen und aufgrund einer großen Katastrophe untergegangen sein, bei der sie vor 12.000 Jahren von den Meeresfluten verschlungen wurde.

Nabatäer das 8. Geschlecht, dem Maccabee angehört. Eine Zivilisation, die vom späten 4. Jahrhundert v. Chr. bis zu ihrer Annektierung durch das Römische Reich im 1. Jahrhundert n. Chr. die südliche Levante bewohnte. Im Laufe der Zeit wurde die nabatäische Kultur von der griechisch-römischen assimiliert. Im 3. Jahrhundert n. Chr. schließlich sprachen die Nabatäer Griechisch anstatt Aramäisch, und bis zum 5. Jahrhundert waren sie zum Christentum übergetreten. Eine der berühmtesten Stätten dieser Zivilisation ist die Felsenstadt Petra im heutigen Jordanien.

Naha Hauptstadt der Präfektur Okinawa auf den japanischen Ryūkyū-Inseln. Sie liegt im Süden der Präfektur, an der Küste des Ostchinesischen Meeres, und hat über 300.000 Einwohner. In dieser Gegend wurden Relikte gefunden, die aus der Steinzeit stammen, und es gibt Hinweise darauf, dass die Stadt bereits im 11. Jahrhundert ein wichtiger Hafen für den Handel mit den japanischen Hauptinseln wie auch mit der koreanischen Halbinsel war.

Nazca-Linien eine Reihe von über einhundert Geoglyphen auf der Nazca-Ebene im südlichen Peru, die zwischen 400 und 650 n. Chr. von der sogenannten Nazca-Zivilisation geschaffen worden sein sollen. Sie bestehen aus Scharrbildern, die eine Vielzahl von Pflanzen und

Nazca-Linien

Tieren darstellen, deren Größe über 200 Meter misst. Diese Linien werden für gewöhnlich als Teil der nazcanischen Religion angesehen, die mit kultischen Ritualen zusammenhängen. Es gibt aber auch die Theorie, dass es sich um Start- und Landebahnen für außerirdische Raumschiffe handelt.

Nephilim biblische Bezeichnung für die Abkömmlinge von »Gottessöhnen/Engeln« und Frauen. Ähnliche Geschöpfe existieren in vielen verschiedenen Kulturen und religiösen Traditionen auf dem ganzen Globus. Es ist möglich, dass diese Geschöpfe in Wirklichkeit die Abkömmlinge von Frauen und außerirdischen Wesen sind, die von antiken Kulturen als Engel oder Götter verehrt wurden.

New York City bevölkerungsreichste Stadt der Vereinigten Staaten (geschätzte Einwohnerzahl: 8,3 Millionen), im Süden des Bundesstaates New York an der Atlantikküste gelegen. Historisch war dies das Siedlungsgebiet der Algonkin, ein aus zahlreichen Stämmen bestehendes Volk nordamerikanischer Ureinwohner. Die ersten Europäer landeten dort im Jahr 1524.

Nibiru Begriff aus der babylonischen Astronomie, der die Sommersonnenwende bezeichnet. In jüngster Zeit wird damit ein katastrophales Ereignis bezeichnet, das

Nancy Lieder im Jahr 1995 vorhergesagt hat. Lieder behauptet, dass sie dank eines außerirdischen Implantats in ihrem Gehirn in der Lage ist, mit Aliens zu kommunizieren. Auf diesem Weg wurde sie vor dem bevorstehenden Zusammenstoß zwischen dem Planeten Erde und einem anderen Planeten gewarnt, der den Untergang der Menschheit bedeuten würde.

Nommo-Zwillinge legendäre göttliche Gestalten des in Mali beheimateten Dogon-Volkes. Es heißt, sie seien die Abkömmlinge einer Vereinigung zwischen dem Himmelsgott Amma und der Erde und für die Schöpfung des Lebens verantwortlich. Es ist möglich, dass diese Zwillinge eine Metapher für eine außerirdische Spezies sind, die in der Frühzeit unserer Geschichte Menschen modifizierten und damit praktisch die Welt erschufen, wie sie heute ist.

Northern Territory Gebiet in Australien, das in der Mitte und im Norden des Kontinents liegt. Menschen siedeln dort seit über 40.000 Jahren, auch wenn andere Einschätzungen noch weiter zurückreichen. Die Ureinwohner jener Epoche haben eine Überfülle von Felskunst zurückgelassen, deren Inhalt eine kulturelle Kontinuität zwischen den frühesten Siedlern und den modernen Ureinwohnern nahelegt. Die ersten Europäer landeten dort im Jahr 1606 und ließen sich 1788 dort nieder.

Oberster Annunaki aus dem Du-Ku sumerische Bezeichnung für den Anführer der Annunaki.

Odyssee Epos, das der griechische Dichter Homer verfasst hat. Aus diesem Epos stammt das Zitat: »Ich bin aus Kreta, dem breiten, und rühme mich meines Geschlechtes, bin eines begüterten Mannes Sohn.

Odysseus legendärer griechischer König, Herrscher über Ithaka und Held des Trojanischen Krieges. Er ist die Hauptfigur der Odyssee und der Ilias, zwei Epen, die der griechische Dichter Homer verfasst hat.

Oiratisch mongolische Sprache, die von Baitsakhan und seiner Familie gesprochen wird. Manchmal wird sie auch als Dialekt des Mongolischen klassifiziert. Aufgrund von Maßnahmen der Regierung wie auch der gesellschaftlichen Realität von kultureller Assimilierung in Russland, der Mongolei und China vom Aussterben bedroht.

Okinawa südlichste Präfektur Japans, die zu zwei Dritteln aus der 600 Meilen langen Ryūkyū-Inselkette besteht. Dort wurden Knochenfragmente ausgegraben, die nahelegen, dass die Inseln seit mindestens 10.000 Jahren bewohnt sind. Während des Zweiten Weltkriegs wurde in der Schlacht um Okinawa etwa ein Viertel der

Zivilbevölkerung getötet, und die USA unterhalten seit dem Ende des Krieges dort einen Armeestützpunkt.

Olmeke das 21. Geschlecht, dem Jago Tlaloc angehört. Eine südamerikanische Zivilisation, die sich um 1500 v. Chr. entwickelte und um 400 v. Chr. unterging. Die berühmteste Hinterlassenschaft der olmekischen Kultur sind die gewaltigen Steinköpfe, die sie aus Vulkangestein meißelten. Die olmekische Kultur war die Grundlage der späteren Zivilisationen der Maya und Azteken.

Omaha mit 400.000 Einwohnern die größte Stadt von Nebraska, am Missouri im Nordwesten der Vereinigten Staaten gelegen. Früher lebten hier mehrere Nationen amerikanischer Ureinwohner, darunter die Pawnee, die Oto und die Sioux, bevor sich dort Mitte des 19. Jahrhunderts Siedler von der Ostküste der Vereinigten Staaten niederließen.

Osterinseln, Schrift der auch als Rongorongo bekannt. Darunter versteht man ein System von Schriftzeichen, die auf Rapa Nui (der Osterinsel) auf etwa zwanzig Holztafeln gefunden wurden. Bisher konnten diese noch nicht entziffert werden, aber vielleicht erklären sie, warum die dortige Zivilisation auf so rätselhafte Weise untergegangen ist, bevor die Europäer die Insel im Jahr 1722 entdeckten.

Paläozoikum das älteste der drei Erdzeitalter, in die das Äon Phanerozoikum unterteilt ist, umfasst den Zeitraum von 541 bis 252,2 Millionen Jahren v. Chr. Während dieser Zeit kam es zu einer rapiden Diversifizierung des Lebens auf unserem Planeten, und am Ende dieses Zeitalters gab es ein Massensterben von solch verheerenden Ausmaßen, dass das terrestrische Leben 30 Millionen Jahre benötigte, um sich davon zu erholen.

Schrift der Osterinseln

Pallasite seltene Gruppe von Meteoriten, die aus in eine Nickel-Eisen-Matrix eingebetteten Olivinkristallen besteht. Derzeit sind nur 61 dieser Meteoriten bekannt, von denen sich 10 in der Antarktis befinden.

Paracas, Kerzenleuchter von Felszeichnungen auf der Nordseite der gleichnamigen Halbinsel in Peru. Diese stammen etwa aus dem Jahr 200 v. Chr. und sol-

Kerzenleuchter von Paracas

len, so heißt es, den Dreizack des Gottes Wiraqucha darstellen. Allerdings dienten sie, wie die Nazca-Linien, möglicherweise auch als Landehilfe für außerirdische Raumschiffe.

Parthenon Tempel auf der Akropolis in Athen. Geweiht ist er der Göttin Athene, gebaut wurde er in den Jahren 447 bis 432 v. Chr. Später diente er als christliche Kirche (während der Latinischen Besatzung) und islamische Moschee (unter ottomanischer Herrschaft).

Pashupati Inkarnation des hinduistischen Gottes Shiva als Herr der Tiere, die allgemein als die Nationalgottheit des weitgehend hinduistischen Landes Nepal gilt.

Paulding-Licht Licht, das Berichten zufolge seit 1966 in einem Tal in der Nähe der Ortschaft Paulding in Michigan gesichtet wird. Es ist möglich, dass dieses Licht von irgendeinem außerirdischen Apparat in dieser Gegend stammt.

Pawlek, Miss junge Frau, die Maccabee während seines Fluges von Warschau nach Moskau auf der anderen Seite des Mittelgangs gegenübersitzt.

Peking Hauptstadt der Volksrepublik China. Seit dem Jahr 2013 hat sie eine Einwohnerschaft von über 21 Millionen, und sie ist der moderne Dreh- und Angelpunkt von Chinas politischen, kulturellen, akademischen und unternehmerischen Aktivitäten. Die Besiedlung Pekings durch den Menschen kann rund 250.000 Jahre zurückverfolgt werden bis zu den Überresten einer Gruppe versteinerter Homo erectus, die innerhalb der Grenzen des Stadtgebiets gefunden wurden.

Parthenon

Peru Republik an der Westküste Südamerikas mit einer Bevölkerung von fast 30 Millionen. Es gibt Hinweise, dass in manchen Gegenden Perus bereits vor über 11.000 Jahren Menschen heimisch waren. Ab etwa dem Jahr 6000 n. Chr. begann sich in diesem Land die Norte-Chico-Kultur auszubreiten. Eine der archäologischen Fundstätten dieser Kultur ist Caral.

Peschmerga Begriff, der seit 1946 für bewaffnete kurdische Kämpfer verwendet wird, aber auch für die Etablierung eines kurzlebigen kurdischen Staates, die sogenannte »Republik von Mahabad« oder auch Republik von Kurdistan. Es ist der offizielle Name der Streitkräfte in der kurdischen Region des Irak, aber viele Kurden verwenden ihn auch für jeden Kurden, der bereit ist, für ihre Rechte zu kämpfen.

Petra verlassene Felsenstadt im Süden des heutigen Jordanien, die um das Jahr 312 v. Chr. von der Zivilisation der Nabatäer errichtet wurde.

Proterozoikum Erdzeitalter, das von vor 2.500 Millionen Jahren bis vor etwa 542 Millionen Jahren währte. In diesem Zeitalter stieg der Sauerstoffgehalt in der Atmosphäre immer weiter an, worauf sich die ersten mehrzelligen Organismen entwickelten.

Puma Punku mit Steinblöcken bedeckter, terrassenförmig angelegter Erdhügel in einem Tempelkomplex der Ruinenstätte Tiahuanaco in Bolivien. Die dort gefundenen Überreste halluzinogener Pflanzen und zerstückelter Leichen – wahrscheinlich die Folge von Menschenopfern – legen nahe, dass es sich dabei für die Einwohner Tiahuanaco um einen bedeutenden spirituellen Ort handelte. Ursprünglich dienten die Steinblöcke als Schutz-

Petra

mauern und waren quadratisch angeordnet; die größte noch erhaltene davon ist 26 Fuß lang, etwa 16 Fuß breit und über 3 Fuß hoch. Eine weit verbreitete Theorie lautet, dass Steine von solcher Größe nur mithilfe außerirdischer Wesen zu so präzisen architektonischen Formationen angeordnet werden konnten.

Puma Punku

Puno Region im Südosten Perus auf der Hochebene Qullaw. Von etwa 800 bis 1200 n. Chr. wurde sie von der Tiahuanaco-Zivilisation bewohnt, bevor sie etwa 1400 n. Chr. von den Inka und später von den Spaniern erobert wurde.

Pyramiden von Gizeh ein Komplex altertümlicher Monumente in der Nekropole Gizeh unweit von Kairo, zu dem drei Pyramiden und die riesige Statue der Sphinx zählen. Bei den drei Pyramiden handelt es sich um: die Cheops-Pyramide, die Chephren-Pyramide und die Mykerinos-Pyramide, die alle ca. 2560 v. Chr. errichtet wurden. Die drei Pyramiden sind auf die Sterne in der Konstellation Orion ausgerichtet, und viele glauben, dass sie tatsächlich mithilfe des astronomischen und

Pyramiden von Meroe

architektonischen Wissens von außerirdischen Wesen gebaut wurden.

Pyramiden von Meroe eine Reihe von 200 im nubischen Stil errichteten Pyramiden, die auf den drei königlichen Friedhöfen in der Nähe der antiken Stadt Meroe im Reich von Kusch gefunden wurden. Die Räume unter den Pyramiden enthalten menschliche Überreste und Grabbeigaben.

Qin-Ling-Gebirgszug bedeutende Bergkette in der chinesischen Provinz Shaanxi, die als physische Barriere zwischen dem Süden und Norden Chinas dient. Der höchste Gipfel ist mit 3.760 Metern der Mount Taibai. In diesem Gebirgszug, so heißt es, ist die Große Weiße Pyramide verborgen.

Qín Shi Huángdì Kaiser, der gegen Ende des 3. Jahrhunderts v. Chr. China durch Eroberungen vereinigte. Er war für die Fertigstellung der Großen Mauer verantwortlich wie auch für die Terrakotta-Armee, die mit ihm zusammen in seinem Mausoleum begraben ist.

Queens einer der fünf Stadtbezirke von New York City, im Westen von Long Island gelegen. Mit Einwohnern aus über 100 unterschiedlichen Nationen ist dies die ethnisch vielfältigste urbane Region der Welt. Begründet wurde Queens im Jahr 1683, benannt ist es nach der Königin von England, Schottland und Irland.

Ramayana hinduistischer Epos, der die Geschichte von Rama erzählt (einer Inkarnation des Hindu-Gottes Vishnu) und ursprünglich im 4. oder 5. Jahrhundert v. Chr. verfasst wurde. In diesem Gedicht kommen Beschreibungen von Streitwagen und Flugmaschinen vor, die den Göttern gehören und Vimanas genannt werden. Möglicherweise sind das Belege dafür, dass die Hindu-Götter in Wirklichkeit eine uralte außerirdische Rasse mit weit fortgeschrittener Flugtechnologie waren.

Rauchbombe eine Granate, die nach ihrer Zündung eine Rauchwolke hervorbringt.

Reena Sarahs beste Schulfreundin, die einen Arm verliert, als der Meteorit, der die Eröffnung ankündigt, während ihrer Highschool-Abschlussfeier einschlägt.

Rendlesham-Forest-Zwischenfall eine Reihe von Sichtungen geheimnisvoller Lichter und der Landung nicht identifizierter Flugzeuge im Rendlesham Forest im englischen Suffolk. Über drei Tage beobachtete Militärpersonal, das auf Stützpunkten in der Nähe stationiert war, im Jahr 1980 diese Ereignisse. Über die Glaubwürdigkeit ihrer Berichte wird seither heftig gestritten.

Renzo Jagos Freund und ein ehemaliger Spieler des olmekischen Geschlechts, der im Irak lebt, versorgt Jago und Sarah mit einer Vielzahl technischer Spielereien und hilft ihnen, über die Grenze in die Türkei zu gelangen.

Sacsayhuamán

Sacsayhuamán ein Komplex von Zickzackmauern am Nordrand der peruanischen Stadt Cusco, der wahrscheinlich Mitte des 15. Jahrhunderts errichtet wurde.

Während militärischer Belagerungen fungierte er als Festung, insbesondere bei der Belagerung von Cusco durch die spanischen Eroberer. In Friedenszeiten ist er allerdings möglicherweise auch für religiöse Zeremonien und andere Versammlungen genutzt worden. Nachdem die Spanier die Herrschaft über die Stadt erlangt hatten, wurde der Komplex zum Großteil niedergerissen – die spanischen Besatzer verwendeten die Steine, um für sich selbst Gebäude zu errichten. Die Mauern von Sacsayhuamán wurden ohne jeden Mörtel hochgezogen; stattdessen wurden die Steine so geschnitten, dass sie genau zusammenpassten und kein Mörtel nötig war. Viele glauben, dass die Inka dazu Hilfe von außerirdischen Wesen hatten.

Sanskrit Bezeichnung für verschiedene Varietäten des Alt-Indischen, die von unterschiedlichen Religionen als philosophische Sprache verwendet werden, darunter vom Hinduismus und vom Buddhismus. Die Varianten sind verwandt mit noch älteren Sprachen, und zwar mit dem Altpersischen und dem Altvestischen. Die frühesten Sanskrit-Schriften stammen, so glaubt man, aus dem zweiten Jahrtausend v. Chr., auch wenn das nicht bewiesen werden kann, da aus dieser Zeit nur mündliche Überlieferungen überdauert haben und keine schriftlichen Zeugnisse.

Santa Elisa Straße im peruanischen Juliaca, in der Jago wohnt.

Sarsenstein Sandsteinblöcke, die in großer Zahl in England vorkommen; die berühmtesten wurden beim Bau von Stonehenge verwendet.

Sarsenthriliten zwei große, vertikale Steine, die einen dritten Stein tragen, der horizontal auf ihnen liegt, alle aus Sarsenstein. Mehrere dieser Anordnungen finden sich in Stonehenge.

Sauerstoff chemisches Element mit dem Elementsymbol O und der Ordnungszahl 8. Es ist hochgradig reaktiv, nichtmetallisch und das dritthäufigste Element im Universum. Für das Überleben des allergrößten Teils das terrestrischen Lebens ist es von grundlegender Bedeutung. Es wird industriell genutzt, um unter anderem Stahl, Kunststoff und Textilien zu verarbeiten.

Scandium chemisches Element mit dem Elementsymbol Sc und der Ordnungszahl 21. Es handelt sich um ein silberweißes Metall, das 1879 in Skandinavien entdeckt wurde. Mit Ausnahme der Herstellung von Aluminiumlegierungen für die Luftfahrt hat es wenige wichtige Anwendungsmöglichkeiten.

Schlange Werkzeug zum Öffnen von Schlössern, das typischerweise von Anfängern benutzt wird. Wird es zusammen mit sogenannten »Spannern« verwendet, ist das die einfachste Möglichkeit, ein Schloss zu knacken. Es gehört zu den Werkzeugen, die gut bei preiswerten, wenig anspruchsvollen Schlössern funktionieren.

Selen chemisches Element mit dem Elementsymbol Se und der Ordnungszahl 34, das 1817 entdeckt wurde. Gediegen kommt es in der Natur nur in kleinen Mengen vor. Kommerziell wird es in der Glasherstellung und der Produktion von Pigmenten verwendet. Es ist ein Spurenelement, das sowohl für Menschen als auch Tiere wichtig ist.

Shandong Provinz an der Ostküste Chinas, die historisch wichtig war für die religiöse Entwicklung. Hier liegen Konfuzius' Geburtsstadt Qufu sowie der Mount Tai, einer der heiligen Berge des Taoismus.

Shang das 377. Geschlecht, dem An Liu angehört. Eine chinesische Dynastie und Zivilisation, die von 1766 bis 1122 v. Chr. das Tal des Gelben Flusses regierte. Diese Zivilisation entwickelte das erste komplexe chinesische Schriftsystem und erfand eine Vielzahl von Musikinstrumenten, was auf einen sehr hohen Zivilisationsgrad hinweist. Die Religion der Shang verschmolz Elemente der Weissagung und des Opfers, und dabei wurden zahlreiche Götter angebetet, vergleichbar den Himmelsgöttern vieler anderer Religionen, die manchmal mit außerirdischen Wesen gleichgesetzt werden.

Shaanxi Provinz im Nordwesten Chinas, in der sich der Gelbe Fluss und der Qin-Ling-Gebirgszug befinden. Sie wird oft als eine der Wiegen der chinesischen Zivilisation bezeichnet und war die Heimat von dreizehn der Feudaldynastien Chinas.

Shanxi Provinz im Norden Chinas, die an die Provinz mit dem ähnlichen Namen Shaanxi grenzt. Sie liegt westlich des Gebirges Taihang Shan. Dort gibt es unter anderem die Flüsse Fen He und Qin He.

Shiva Hindu-Gottheit, die als die wichtigste Manifestation des Höchsten angesehen wird. Er ist der Schutzpatron des Yoga und der Künste. Auf die Ähnlichkeiten zwischen Shiva und dem sumerischen Annunaki Enlil wurde hingewiesen, was nahelegt, dass es sich bei den Hindu-Göttern um die gleichen außerirdischen Wesen handelt.

Shuriken traditionelle japanische Waffe, deren bekannteste Form die Shaken sind, auch Wurfsterne genannt. Allerdings kann sich diese Bezeichnung auf jede kleinere Klingenwaffe beziehen. Zumeist werden Shuriken als Ergänzung zu einer anderen Waffe eingesetzt.

Sichuan Provinz im Südwesten Chinas, die seit mindestens dem 15. Jahrhundert v. Chr. bewohnt ist. Im Osten besteht die Provinz weitgehend aus einem fruchtbaren Flusstal, während der Westen von Teilen des Hengduan-Gebirges dominiert wird.

Sig-Sauer-Pistole von der Firma SIG Sauer GmbH hergestellte Handfeuerwaffe. Die Firma ist ein deutsches Tochterunternehmen eines Schweizer Konzerns. Gegründet wurde sie 1985, um SIG-Feuerwaffen in die USA zu exportieren und dort zu vertreiben. Etwa ein Drittel der Polizisten in den USA verwendet Waffen von SIG.

Sikkim der Einwohnerzahl nach kleinster Bundesstaat Indiens, im südlichen Himalaya gelegen. Die einzige offene Landesgrenze zwischen Indien und China befindet sich in Sikkim. Die alte Geschichte Sikkims bleibt weitgehend rätselhaft, und die erste Erwähnung dieser Region in historischen Aufzeichnungen datiert aus dem 8. Jahrhundert. Erst seit 1975 ist Sikkim ein Teil Indiens.

Singh, J. Deepak Sky Marshall an Bord des Fluges nach

Dubai, der bei dem Versuch, Kala Mozami zu verhaften, ermordet wird.

Sodium thiopental Anästhetikum, das denjenigen, dem es verabreicht wird, innerhalb von weniger als einer Minute bewusstlos werden lässt und dessen Wirkung nach 5 bis 10 Minuten wieder nachlässt. Es wird auch verwendet, um Patienten in ein künstliches Koma zu versetzen und, wo das legal ist, zur Euthanasie und als Giftspritze.

Sonnenschlüssel der dritte Schlüssel, den die Spieler an sich bringen müssen, um Endgame zu gewinnen.

Spanner Werkzeug zum Öffnen von Schlössern, das oft zusammen mit sogenannten »Schlangen« verwendet wird. Es wird in den Zylinder eingeführt, um den Kern auf Spannung zu bringen, während das Schloss mit einem anderen Werkzeug geöffnet wird.

Spiel(en) die konkrete Teilnahme an Endgame.

Spieler dieser Begriff wurde für zwölf Personen verwendet, eine aus jedem Geschlecht, die an Endgame teilnehmen müssen, wenn es stattfindet, während sie zwischen 13 und 20 Jahre alt sind.

Spielleiter außerirdische Wesen, die Endgame inszenieren. Auch als Annunaki oder Himmelsgötter bekannt.

Stolichnaja russische Wodkamarke, die aus Weizen und Roggen hergestellt wird. Die Anteile der Produktion, die in Russland verkauft werden, stammen aus Kaliningrad. Für den internationalen Markt wird in Luxemburg produziert und in Lettland abgefüllt.

Stonehenge

Stonehenge Megalithen-Ring aus stehenden Steinen in der Grafschaft Wiltshire in England, der aus der Mitte des 3. Jahrtausends v. Chr. stammt. Möglicherweise wurde er als Begräbnisstätte verwendet, als Kultstätte oder als Observatorium, doch da aus der Zeit seiner Entstehung keine schriftlichen Zeugnisse erhalten sind, gibt es keine gesicherten Erkenntnisse. Es wurde die Theorie aufgestellt, dass Stonehenge mit Unterstützung

außerirdischer Wesen errichtet und unter anderem als Landeplatz für Raumschiffe benutzt wurde.

Suhkbataar Baitsakhans Vater.

Śulbasūtras eine Anzahl von Texten, die einen Teil der Śrautasūtras bilden, die wiederum Anhänge zu dem alten hinduistischen Veda sind. Sie enthalten geometrisches Material und sind als solches die einzigen erhaltenen Beispiele für das mathematische Denken in Indien zwischen 800 und 200 v. Chr. Die äußerst fortgeschrittene und technische Mathematik in diesen Sutras legt möglichweise nahe, dass sie unter Anleitung von uralten Außerirdischen verfasst wurden, die zu jener Zeit mit der hinduistischen Zivilisation in Kontakt standen.

Sumerer das 89. Geschlecht, dem Kala angehört. Diese Zivilisation existierte im heutigen Südirak vom 5. Jahrtausend v. Chr. bis zu seinem Untergang um das Jahr 1700 n. Chr. Dabei handelte es sich um eine Agrargesellschaft, die so groß und erfolgreich war, dass es dort eine weitreichende Arbeitsteilung mit einer Vielzahl von Handwerken und Gewerben gab. Die Sumerer entwickelten außerdem die erste bekannte Schriftsprache. Die Sumerer waren Polytheisten und beteten viele Götter an, darunter eine Gruppe von Gottheiten, die als die Annunaki bekannt waren. Viele glauben, dass es sich bei den Annunaki um außerirdische Wesen handelt, die auf der Suche nach Ressourcen auf die Erde kamen und die der Menschheit im Altertum halfen, architektonisch komplexe Gebäude zu errichten.

Taiyuan Hauptstadt der chinesischen Provinz Shanxi mit 4 Millionen Einwohnern. Zwischen 859 und 666 v. Chr. breitete sich dort die Rong-Zivilisation aus. In der Folgezeit herrschten mehrere der alten Dynastien von dort aus, darunter die Tang-Dynastie von 618 bis 907 n. Chr.

Takeda, Chiyoko die Spielerin des Mu-Geschlechts aus Naha in Japan. Das Geschlecht der Mu bringt Endgame großen Respekt entgegen, die Mitglieder lassen sich von einem Ehrenkodex leiten, finden keinen Gefallen daran, zu töten, und tun dies nur, wenn es unbedingt nötig ist. Chiyoko zieht es daher vor, geduldig zu sein und zu beobachten, wie sich die Ereignisse entwickeln, anstatt einzugreifen und auf Konfrontationskurs zu gehen.

Tatami Matte, die in japanischen Zimmern traditionell als Bodenbelag verwendet wird. Ihr Kern besteht aus Reisstroh, die äußere Schicht aus weicherem Binsenstroh. Ursprünglich waren Tatami-Matten Luxusartikel und sind erst seit dem Ende des 17. Jahrhunderts auch in ärmeren Haushalten verbreitet. Moderne japanische Wohnungen und Häuser weisen selten mehr als einen Raum auf, der mit Tatamis ausgelegt ist.

Teotihuacán präkolumbianische Stadt etwa 30 Meilen nordöstlich von Mexiko-Stadt, die zwischen 100 v.

Chr. und 250 n. Chr. errichtet worden sein soll. In ihrer Hochzeit lebten dort mehr als 100.000 Menschen, bevor die Stadt im 6. Jahrhundert erobert und niedergebrannt wurde. Es ist ungewiss, welche Zivilisation Teotihuacán erbaute und dort wohnte. Theorien nennen eine Vielzahl von Völkern, darunter die Cuicuilco und die Totonac. Im Stadtkomplex finden sich mehrere große Pyramiden, die auf Planeten in unserem Sonnensystem ausgerichtet sind. Es heißt, dass das nur möglich gewesen sei, weil außerirdische Wesen den Stadterbauern halfen.

Terbish einer der Männer, die den mongolischen Meteoriten vor Baitsakhan gefunden haben.

Terrakotta-Armee Sammlung von Skulpturen in Form von Soldaten, Streitwagen und Pferden wie auch von nichtmilitärischen Figuren aus der Armee Qín Shi Huángdìs. Die Skulpturen aus Terrakotta sind mit dem Kaiser in seinem Mausoleum im chinesischen Distrikt Lintong begraben. Entdeckt wurde diese Stätte 1974 von einheimischen Bauern. 1987 wurde sie von der UNESCO zum Weltkulturerbe erklärt.

Tiahuanaco präkolumbianische Stadt und die Hauptstadt einer uralten Zivilisation, die zwischen 300 und 1000 n. Chr. dort existierte, wo sich heute Peru und Chile befinden. Das Reich Tiahuanaco dehnte sich aus, indem es andere Kulturen durch Diplomatie und Handel eingliederte, ging jedoch Ende des 10. Jahrhunderts nach längeren Trockenperioden unter, während das Inkareich im Norden seinen Aufstieg begann. Manche behaupten, Tiahuanaco konnte nur mit Unterstützung außerirdischer Wesen gebaut werden.

Tim Barkeeper in der Grub Street Bar in Darwin, Australien, ein ehemaliger Spieler der Koori, der Alice Ulapala bedient, während sie versucht, ihren Hinweis zu entziffern.

Timkat ein äthiopisch-orthodoxes Fest, mit dem am 19.

Januar die Taufe Jesu gefeiert wird. Ein Modell der Bundeslade ist ein zentraler Teil der Zeremonie.

Tlaloc, Jago der Spieler des olmekischen Geschlechts aus Juliaca in Peru. Sein Spitzname lautet »Feo«, was hässlich bedeutet, weil Narben sein Gesicht entstellen. Er ist selbstbewusst und loyal, wie er während seiner Partnerschaft mit Sarah unter Beweis stellt.

Tongyuanzhen Stadtbezirk von Xi'an, in dem An Liu in seiner geheimen unterirdischen Wohnung lebt.

Tschogha Zanbil

Traumzeit ein Zeitalter in der Mythologie der australischen Ureinwohner, in dem die Erde von uralten Geistern erschaffen wurde. Diese »Ahnwesen« sollen, so heißt es, in menschlicher oder auch anderer Gestalt auf die Erde gekommen sein, um der Welt ihre Form zu geben.

Tschogha Zanbil eine altertümliche Zikkurat in der Provinz Chuzestan im heutigen Iran. Errichtet wurde sie 1250 v. Chr. zu Ehren des elamitischen Gottes Inšušinak. König Untasch-Napirischa gab den Befehl dazu, doch da

er starb, bevor seine Pläne umgesetzt werden konnten, wurden nicht alle Tempelanlagen zu Ende gebaut.

Tsoukalos, Musterion Mann, der von den Begegnungen der Menschheit mit außerirdischen Wesen geradezu besessen ist. Er ist überzeugt, dass die Scheiben von Baian-Kara-Ula ein wesentlicher Teil dieser Begegnungen und der Menschheitsgeschichte sind.

Tsum Um Nui erster Erforscher der Scheiben von Baian-Kara-Ula, der zu dem Schluss kam, dass die spiralförmigen Rillen in den Steinen in Wirklichkeit Hieroglyphen seien. Er entzifferte diese Hieroglyphen und behauptete, sie würden die Geschichte eines Raumschiffes und seiner (Dropa genannten) Besatzung erzählen, die nach einer Bruchlandung von den Einheimischen verfolgt wurde. Er starb, bevor er seine Abhandlung über die Scheiben fertigstellen konnte.

Türkei Land im Westen Asiens und Südosten Europas mit über 74,7 Millionen Einwohnern. Es ist ohne Unterbrechung seit dem Paläolithikum bewohnt, womit es eine der größten dauerhaft bewohnten Gegenden der Erde ist. Dort waren verschiedene anatolische und thrakische Kulturen des Altertums zu Hause, bevor es von Alexander dem Großen erobert wurde. Daraufhin wurde es von den Griechen, den Römern und den Türken beherrscht.

Die Bevölkerung der heutigen Türkei besteht zu etwa 70% aus Türken, zu 18% aus Kurden und aus verschiedenen anderen ethnischen Minderheiten, darunter vor allem Armenier, Griechen und Juden.

Ulan-Bator Hauptstadt der Mongolei, in der nördlichen Zentralregion des Landes am Fluss Tuul gelegen. Diese Gegend wird seit 300.000 Jahren von Menschen besiedelt. Im ersten Jahrtausend v. Chr. schuf die Zivilisation, die in dieser Gegend zu Hause war, Felsmalereien, die Menschen- und Tierfiguren zeigen, aber auch abstrakte Formen.

Ulapala, Alice die Spielerin des Koori-Geschlechts stammt aus Coffin Bay in Australien. Ihre Entscheidungen fällt sie aufgrund ausgeprägter moralischer Richtlinien, und sie hält Endgame für einen grausamen und sinnlosen Streich, den das Universum der Menschheit spielt. Nachdem sie Shari Chopra aus den Fängen von Baitsakhan und seinen Verwandten befreit hat, kehrt sie nach Australien zurück, um die erste Runde von Endgame auszusitzen. Sie verfügt über telepathische Fähigkeiten, die mit der Traumzeit der australischen Ureinwohner in Zusammenhang stehen.

Urfa Stadt im Südosten der Türkei mit etwa einer halben Million Einwohnern, östlich des Euphrat gelegen. Die Geschichte dieser Stadt reicht möglicherweise bis an den Anfang des 9. Jahrtausends v. Chr. zurück, auch wenn die ersten Aufzeichnungen erst aus dem 4. Jahrhundert v. Chr. stammen. Hier befinden sich die Grabungsstätte Göbekli Tepe wie auch viele andere Stätten von historischer Bedeutung. Es gibt die Theorie, dass diese das Ergebnis außerirdischen Kontakts mit den historischen Zivilisationen waren.

Uschanka Pelzmütze mit Ohrenklappen, die unter dem Kinn oder über dem Kopf zusammengebunden werden können. Sie bietet dem Träger ein Mindestmaß an Schutz gegen Schläge auf den Kopf, zum Beispiel dann, wenn man sich den Kopf an Eis oder festem Schnee stößt. Sie wurde viele Jahrhunderte lang in Russland, in Deutschland und in Skandinavien, und, wie man heute weiß, von dem Volk der Skythen in Zentralasien getragen.

Vanderkamp, Christopher Sarah Alopays Freund, der von Endgame nichts ahnte, bis während ihrer Abschlussfeier von der Highschool der Meteorit niederging. Er liebt Sarah sehr und ist ihr so treu ergeben, dass er ihr nach China und um die Welt folgt, um ihr zu helfen, Endgame zu gewinnen. Das geht schlecht für ihn aus, als An Liu Sarah zwingt, ihn in Stonehenge aus Barmherzigkeit zu töten.

Vogel von Sakkara Holzartefakt aus dem ägyptischen Altertum, das die Gestalt eines Vogels hat und auf etwa 200 v. Chr. datiert werden kann. Es ist möglich, dass dieses an einen Falken gemahnende Schnitzwerk ein Modell früher ägyptischer Flugtechnologie ist, lange bevor es ein solches Wissen eigentlich geben konnte. Dieses Wissen verdankt sich vielleicht dem Kontakt mit Außerirdischen, die der frühen Menschheit die Prinzipien der Luftfahrt vermittelten.

Vogelkönig cahokianischer Begriff für eine männliche Gottheit, wahrscheinlich einer der außerirdischen Annunaki, die von den Cahokianern als Götter verehrt werden.

Voynich-Manuskript von Hand geschriebenes Buch aus dem 15. Jahrhundert in einer unbekannten Sprache. Die Illustrationen zeigen astronomische und kosmologische Diagramme sowie nicht identifizierbare Pflanzen und menschenähnliche Figuren. Es ist möglich, dass das Manuskript auf Anweisung von außerirdischen Wesen verfasst wurde, die unseren Planeten zur Zeit seiner Entstehung besucht haben.

Wakizashi traditionelles japanisches Samuraischwert mit einer relativ kurzen Klinge zwischen 12 und 24 Zoll. Für gewöhnlich wird es als Zweitwaffe für den Nahkampf getragen. Der Gebrauch dieser Waffe geht auf das 15. oder 16. Jahrhundert zurück.

Wallace, Alfred Russel Zeitgenosse Charles Darwins, der zur selben Zeit wie dieser die Idee von der Evolution durch natürliche Auslese entwickelte. Seine Vorstellungen unterschieden sich jedoch in mehrerlei Hinsicht von denen Darwins. Vor allem glaubte er, dass eine höhere Macht für das Bewusstsein der Tiere wie auch für die überlegenen geistigen Fähigkeiten der Menschen verantwortlich ist. Es ist möglich, das hinter dieser Macht in Wirklichkeit eine außerirdische Rasse stand, welche die Menschheit für ihre eigenen Zwecke modifizierte.

Wasserstoff chemisches Element mit dem Elementsymbol H und der Ordnungszahl 1, ein geruchloses, farbloses, geschmackloses, äußerst leicht entzündliches Gas und die häufigste chemische Substanz im Universum. In erster Linie wird es bei der Verarbeitung fossiler Brennstoffe verwendet und bei der Produktion von Ammoniak als landwirtschaftliches Düngemittel.

Wei Betreiber des Gästehauses, in dem Sarah und Jago nach der Eröffnung wohnen.

West Point militärisches Schutzgebiet in Orange County, New York, das 16.000 Morgen Land umschließt und 1802 von Thomas Jefferson gegründet wurde. Dort befindet sich die *United States Military Academy.*

Wiltshire Grafschaft im Südwesten Englands, die aufgrund ihrer mesolithischen, neolithischen und bronzezeitlichen Geschichte und Archäologie bekannt ist. Am berühmtesten ist das Stonehenge-Monument auf der Salisbury Plain. Etwa zwei Drittel der Landfläche dieser Grafschaft besteht aus Kalkstein, und das Klima ist nass und mild.

Wiraqucha auch als Kon-Tiki bekannte Schöpfergottheit der Inka. Er wurde als Schöpfer des Universums verehrt und der Sonne, des Mondes, der Sterne und der Zeit an sich. Die grundlegende Rolle, die er im Schöpfermythos der Inka spielt, wie auch seine Verbundenheit zum Himmel legen nahe, das Wiraqucha ein Außerirdischer war, der in einer früheren Zeit der Menschheitsgeschichte Kontakt mit der Zivilisation der Inka hatte.

Wondjina auch als Wandjina bekannt, sind australische Wolken- und Regengeister, die das Land und die Pflanzen und Tiere während der Traumzeit geschaffen und beeinflusst haben. Felsmalereien, die bis fast in das Jahr 2000 v. Chr. zurückreichen, zeigen diese Geister typischerweise als Figuren ohne Mund. Die Bilder weisen eine überraschende Ähnlichkeit zu den landläufigen Vorstellungen von Aliens auf, und es ist möglich, dass sie Hinweise auf einen Kontakt zwischen einer altaustralischen Zivilisation und einer außerirdischen Spezies sind.

Wow!-Signal Schmalband-Radiosignal, das 1977 im Perkins-Observatorium in Ohio empfangen wurde. Das Signal hat sich, soweit Astronomen dies wissen, seither nicht wiederholt, und sein Ursprung ist bis heute nie geklärt worden. Es stimmt fast vollkommen mit dem überein, was man vom Empfang einer Übertragung außerirdischen Ursprungs erwarten würde, und seine Intensität, Klarheit und Länge untermauern diese Hypothese.

Xi'an Hauptstadt der chinesischen Provinz Shaanxi, die etwa 8,5 Millionen Einwohner hat. Die Stadt blickt auf eine lange Geschichte zurück und wurde schon vor 6.500 Jahren erstmals dauerhaft besiedelt. Menschliche Spuren weisen bis mindestens eine halbe Million Jahre vor unserer Zeit zurück.

Yonaguni-Monument eine Felsformation unter dem Ozean in der Nähe von Yonaguni, der südlichsten der japanischen Ryūkyū-Inseln. Viele glauben, dass sie von Menschenhand geschaffen wurden, und führen an, dass die glatten Oberflächen, scharfen Kanten und vollkom-

menen rechten Winkel keine Fügung der Natur sein können. Es gibt Hinweise, dass es sich dabei sogar um die einzigen bekannten Überreste der sagenhaften Insel Mu handelt.

Zikkurat terrassenförmige Pyramiden in Mesopotamien, die von verschiedenen alten Kulturen – darunter die der Sumerer – als Teil einer Tempelanlage errichtet wurden. Sie waren nicht öffentlich zugänglich, sondern stellten Wohnstätten der Götter dar, und somit durften nur Priester sie betreten.

Bildnachweise

S. 10/11 Ankor Wat © *plainpicture/Cultura*
S. 24/25 Steine von Carnarc © *Arcaid/images.de*
S. 28 Derinkuyu © *plainpicture/Ready-Images*
S. 33 Echnaton © *UIG-images.de*
S. 44 Große Wildganspagode © *FOTEX*
S. 46/47 Große Sphinx von Gizeh © *plainpicture/MIRA*
S. 69 Macchu Picchu © *plainpicture/DesignPics*
S. 72/73 Maoi © *plainpicture/Caputuraimages*
S. 77 Nazca-Linien © *plainpicture/Robert Harding*
S. 82/83 Schrift der Osterinseln © *Schapowalow*
S. 84 Kerzenleuchter von Paracas © *Schapowalow*
S. 86/87 Parthenon © *plainpicture/Robert Harding*
S. 89 Petra © *plainpicture/AWL*
S. 90/91 Puma Punku © *Bridgemanart.com*
S. 93/93 Pyramiden von Meroe © *plainpicture/MIRA*
S. 96/97 Sacsayhuamán © *plainpicture/AWL*
S. 104/105 Stonehenge © *plainpicture/MIRA*
S. 110/111 Terrakotta-Armee © *plainpicture/Thierry Beauvir*
S. 112/113 Tschogha Zanbil © *Arcaid/images.de*
S. 124/125 Yonaguni-Monument © *A1PIX/YourPhotoToday*